AF497690

La langue francaise au Canada

—

Son état actuel

—

Etude canadienne

par

Louvigny de MONTIGNY
de la Société royale du Canada
Officier de l'Instruction publique (France)

> Quand un faux respect de la tra-
> dition interdit au langage de suivre
> le cours des idées...., la langue peut
> s'épuiser et périr
>
> DARMESTETER,
>
> Nous devons nous résigner à faire
> beaucoup de littérature française
> au Canada
>
> Abbé Camille ROY.

CHEZ L'AUTEUR

364, CHAPEL STREET, 364

OTTAWA

—

1916

A

mes

enfants,

Jacqueline et Raimbault,

pour qu'ils s'appliquent, en grandissant,

à respecter, à chérir

et à défendre

la langue de leur mère.

"DES CANONS, DES MUNITIONS !"

———

La publication de l'essai qu'on va lire, en cette brochure paraissant à une heure choisie, exige un avant-propos de l'auteur.

Cet essai fut présenté à la Société royale du Canada, pour sa réunion de mai 1916; mais, comme plusieurs autres communications, il n'y fut pas lu, faute de temps. Le sommaire que l'auteur avait déposé au programme officiel de la Société royale indiquait si clairement la portée de son étude, qu'après la clôture des séances de la Section française, quelques membres exprimèrent à l'auteur leur regret de ce que le président DeCelles n'eût pas demandé la lecture de cet écrit annoncé comme controversable. Et l'auteur ayant lui-même exposé privément, à ceux de ses collègues qui lui avaient exprimé ce regret, les points de son essai les plus susceptibles de critiques, on se plut à exagérer ses déclarations, à les répandre à faux dans le public. Ce fut un hourvari de belles réprobations. Dans la presse, les défenseurs de la langue et de l'autel—le *Droit* en tête et M. DeCelles en queue—ga-

bionnés sous le parapet des préjugés religieux et
nationaux, se mirent en frais de découdre de
point en point son hérésie. Aucun d'eux, ni
même personne jusqu'alors, n'avait lu une demi-
ligne de cette modeste, mais longue étude. C'est
ainsi que M. DeCelles a bien voulu dénoncer
l'auteur à l'anathème des messieurs filant droit,
des dames superstitieuses et charitables, des
échappés d'Hérode et des "blessés" de l'Ontario,
et qu'il a su faire frissonner les gens bien pensants, au seul nom de ce nouveau suppôt des
puissances infernales. Tant et si bien, que ces
gens bien pensants touchaient du fer ou du bois
à sa rencontre pour conjurer le mauvais œil de ce
renégat à sa race et à sa religion, de ce traître
qui fournit des munitions à l'ennemi, à une
époque où la langue française subit, chez nous,
"a sort of Verdun assault" (¹).

Oui-da! Mais, pour une fois que M. DeCelles
jouait à la sentinelle, et tant qu'il y était, il aurait
pu crier qui-vive avant de se fendre à l'aveuglette
et de foncer à vide comme il s'est fendu et comme
il a foncé. Car l'auteur qu'il a tué se porte à
merveille. Et puisque notre langue subit un
assaut de Verdun et que, très certainement, il
est indispensable de reconnaître les rôdeurs des
avant-postes, qu'il soit permis à l'auteur, que
M. DeCelles a de force fait sortir du rang, de

____

(1) *Citizen*, Ottawa, 27 mai 1916.

voir en effet à qui et à quoi l'on a affaire ici, de reconnaître d'abord cette sentinelle qui ignore le rudiment du guet, et de crier ce qu'elle n'a pas crié: .

—Qui vive ?

* * *

La comparaison du siège de Verdun est plus heureuse que M. DeCelles ne l'a pensé.

Notre langue maternelle, moins fortifiée que la ville de Verdun, n'a tenu, ne tient et ne tiendra que par l'obstination des Canadiens-français à recevoir sans broncher tous les coups dirigés contre elle. Ce sont, à la vérité, les Poilus qui ont longtemps fait, de leurs poitrines, le rempart infranchissable et infrangible qui manquait à la forteresse de Verdun. Mais, au lieu de s'attarder à applaudir et à couvrir de fleurs les défenseurs de la place, au lieu de se pâmer d'admiration en des attitudes d'extase qui ressemblent à des attitudes de victimes expiatoires, la France a prêté l'oreille au cri d'alarme d'un patriote, du sénateur Charles Humbert, qui n'eut de cesse qu'il ne l'eût persuadée du péril qu'elle courait à faire une confiance absolue à l'héroïsme tout nu de l'armée, et que, pour réduire le Boche et remporter sur lui une victoire définitive, il fallait que toute la population inengagée se livrât corps et âme à cette unique et impérieuse préoccupation d'armer ses défenseurs: "Des canons, des munitions!" Ce cri d'alarme traversa peu à peu les discours lénifiants des optimistes donneurs d'assurance, puis il alla se répétant de bouche en bouche. Vieillards, femmes et enfants même, toute la France se mit à fabriquer, jour et nuit, "des canons, des munitions"; les défenseurs de Verdun reçurent "des canons, des munitions," donnèrent échec et mat aux terribles assiégeants, et Verdun est resté ville française. L'histoire dira plus tard combien Verdun redoit au cri d'alarme du sénateur Humbert.

Plutôt de m'extasier devant l'invincibilité de notre parler, durant ce siège de Verdun que la langue française subit chez nous, j'ai voulu faire entendre à mes compatriotes qu'ils manquent d'armes suffisantes, que la langue qu'ils parlent n'est point fortifiée comme elle devrait l'être pour résister aux attaques de ses assaillants: "Des canons, des munitions!" Par déférence pour ceux de mes compatriotes de l'Ontario qui se sont laissés convaincre que mon essai devait nuire à leurs revendications scolaires devant les tribunaux, et pour répondre de la meilleure manière à ceux qui m'accusèrent de fournir des munitions à nos adversaires, j'ai retiré cette communication de la Société royale, par lettre en date du 3 juin, c'est-à-dire avant qu'un seul membre de la Société royale, *ayant lu cette communication*, ait pu y faire la moindre objection fondée. Et j'ai déclaré que je publierais cet essai plus tard, au moment qui me conviendrait (¹). Il m'a convenu de le mettre au jour à la suite de la lettre encyclique du pape sur la question bilingue au Canada (²), et après le prononcé des arrêts du Conseil privé dans les causes se rapportant aux *écoles séparées* (confessionnelles) de la province d'Ontario (³).

En effet, cette lettre directive apprend suffisamment, à ceux qui l'ignoraient encore, qu'en pareille affaire l'accommodement ressortit aux évêques et aux gouvernements intéressés; et le Conseil privé, par ces arrêts, leur fait assavoir aussi bien que les litiges scolaires, lorsque les évêques et les gouvernements ne les règlent pas amiablement, se vident en définitive devant les tribunaux compétents pour en connaître, et nullement dans des études littéraires ou philologiques, non pas même à dire d'experts. Au surplus, ces jugements des autorités religieuses et civiles exhalent un avertissement que les Canadiens-français seraient avisés de tenir pour ce qu'il est, c'est-à-dire suprême, et c'est à savoir qu'ils sont à peu près réduits à s'aider eux-mêmes et ne doivent donc s'en remettre qu'avec une excessive discrétion aux puissances

---

(1) *Citizen*, Ottawa, 9 juin 1916; *Le Nationaliste*, Montréal, 18 juin 1916.

(2) Lettre encyclique de S S. Benoît XV, en date du 8 septembre 1916, texte français dans la *Semaine religieuse* de Montréal, 28 oct. 1916.

(3) Arrêts du 2 nov. 1916.

supraterrestres et extra-françaises du soin de secourir leur langue maternelle.

* * *

La lutte engagée entre Canadiens de différentes origines est une lutte essentiellement et uniquement constitutionnelle. C'est d'après la lettre de notre Charte nationale que les tribunaux du pays et, en dernier ressort, les tribunaux impériaux doivent trancher les différends qui se sont élevés et qui s'élèveront encore sur le statut de la langue française en telle ou telle province de la Confédération canadienne. Et ces tribunaux ne sauraient faire état des appréciations personnelles exprimées de part et d'autre sur la qualité du langage de telle ou telle classe de notre population mixte. Si ces estimations particulières devaient avoir le moindre poids dans la balance de la justice, il y a beaux jours que nous aurions eu gain de cause, car Dieu sait depuis combien de temps et avec quelle véhémence nous proclamons dans nos journaux et dans nos assemblées que notre langage est le français pur et parfait. Si, d'autre part et sous prétexte de ne pas fournir de munitions à nos adversaires, l'œuvre d'épuration verbale devait être interrompue et réduite au silence chaque fois qu'une difficulté bilingue est référée aux tribunaux, durant toute la litispendance et tout le temps aussi que le populaire s'excite autour de ces questions brûlantes; si, en ces heures de malaise et d'agitation, il était de bonne tactique de se taire; si la prudence conseillait de ne point bouger et même de s'endormir; si, enfin, la consigne était de ronfler, il serait patriotique de suspendre la publication du *Bulletin* de la Société du Parler français au Canada; car, depuis quinze années et sans y manquer un seul mois, cette revue recueille avec le plus beau zèle les incongruités de notre langage et tâche à les réunir en un "lexique canadien-français" qui, systématiquement, laisse de côté toute expression acceptée par l'Académie française. En sorte que, si la simple discussion et le redressement des travers de notre parler devaient nuire au règlement favorable de ces difficultés, le *Bulletin* qui, pour employer l'image même de M. DeCelles, livre à nos adversaires des cartouchières et des gargoussières toutes rondes qu'il se préoccupe même de remplir mensuellement de munitions nouvelles, fournirait, sans la moindre métaphore, un témoignage officiel de notre infériorité.

Cette réponse ressemble en tous points à celle que M. l'abbé Camille Roy fit au scribe qui, à la façon de M. DeCelles, dénonça naguère M. de Labriolle, coupable d'avoir exhibé quelques spécimens du parler franco-canadien dans la *Revue latine*; elle ressemble également à celle que le Sarcleur du *Bulletin* fit à un lecteur s'inquiétant du fâcheux résultat que le sarclage de nos incorrections pourrait produire en donnant à croire que ces incorrections échantillonnent le langage ordinaire des Canadiens-français (¹).

Les Canadiens-anglais instruits, de l'Ontario comme de partout, se rendent parfaitement compte que l'on ne s'astreint à pareille tâche d'épuration que sur une matière qui en vaut la peine; ils savent que le véritable *Parisian French*, qu'ils tiennent pour le français idéal, a des critiques réguliers et des épurateurs de carrière, et que la langue française de tous les siècles a pareillement eu ses redresseurs vigilants; ils savent que l'anglais, l'italien, l'espagnol, le russe, l'allemand et toutes les langues vivantes ont leurs médecins avec leurs clercs—et qu'il n'y a guère que le parler des Topinambous et de nos anciens Nez-Percés qui soit réfractaire à la critique et ne prête point à correction; et encore faudrait-il voir (²). Ils savent exactement, enfin, que si nous voulons meilleure notre langue, c'est que nous prétendons la garder.

---

(1) *Bulletin de la S. du P. f.*, vol. I, p. 174, vol IV, p 380.

(2) Cf. Ampère, *Hist. litt.* de la France, 1839. "Les Iroquois, les Sioux, les Mohicans ont dans *leur grammaire* d'étonnantes ressources pour exprimer par un mot des idées très-complexes" *Rel. des Jésuites* (Ed. Thwaites, 1899), vol 15, p 154 (Lettre du P du Perron); vol. 39, p. 118 (*Breve relatione* du P. Bressani), et *passim* N O (J.-A Cuoq), *Etudes Philologiques sur Quelques Langues Sauvages de l'Amérique*, 1866.

Au fait, l'agitation soulevée par la question scolaire ontarienne et par toutes les autres questions de langue ou de nationalité, c'est la simple récidivité d'un syndrome accusant une maladie propre aux pays bilingues: Cette affection peut être soulagée, mais n'est point guérissable. Elle s'est déclarée dans notre organisme à la suite et par le fait même de la Conquête: elle provient d'un trouble physiologique de notre formation nationale, et qui a produit cette affection intermittente et incurable que M. André Siegfried a diagnostiquée, chez nous, "l'équilibre instable et complexe de deux races rivales, de deux religions jalouses, de deux langues différentes" (1). Ces manifestations fâcheuses sont, pour ainsi parler, pathologiques; elles dureront plus longtemps que nos procès et persisteront bien au delà des arrêts de la justice canadienne et britannique. Et puisque les tribunaux peuvent et doivent seuls dispenser les remèdes soulageant les malaises plus ou moins graves qui résultent de ce déséquilibre, nous ne devons et ne pourrons jamais, nous, le peuple, que nous efforcer de prévenir et d'adoucir les crises périodiques de ces symptômes, puisque ces crises provoquent des entre-choquements qui épuisent plus qu'ils ne réconfortent les éléments qui les subissent. Et pour pré-

---

(1) ANDRÉ SIEGFRIED, *Le Canada—Les deux races*, 1906, p 61

venir les attaques affectant spécialement notre
langue maternelle, pour les repousser à l'occasion, le meilleur remède, l'arme la plus sûre
n'est-elle point notre langue elle-même ? C'est
pourquoi nous devons rendre notre langage aussi
fort que possible, sinon inattaquable, plutôt
que nous illusionner sur son invincibilité et
borner nos soins à couvrir de fleurs et de compliments ses défenseurs mal armés. Des canons,
des munitions!

*   *   *

Je ne me suis pas autrement préoccupé du
litige anglo-français de l'Ontario, auquel je ne
puis rien, si ce n'est déplorer les animosités qu'il
a fait éclore et germer. En majeure partie, ces
animosités sont le fait de quelques organes
anglo-protestants, qui réclament avec trop d'injustice l'unification de la langue officielle, se
forcènent accessoirement contre les Canadiens-
français et les traitent de lâches et d'ignorants;
elles sont également le fait de quelques organes
franco-catholiques, qui se rebèquent à bon droit,
mais compromettent la meilleure cause du monde
et enfiellent comme de parti pris les cœurs en
qualifiant les Canadiens-anglais de l'Ontario
d'intrus et d'accapareurs, en agissant avec une
aussi parfaite mauvaise foi à l'endroit de ceux
mêmes de nos compatriotes canadiens-français qui se permettent de penser autrement
que nos petits messieurs-j'ordonne empatron-

nés dans des gazettes "à responsabilité limitée"
pour y exercer sans investiture un pontificat
sans charité. N'est-ce pas un prêtre, un prêtre
de chez nous, qui a flétri ce journalisme pré-
tendu religieux "qui ne garde pas même la
simple morale naturelle qui enjoint la restitution
de toute réputation injustement lésée—et qui
recourt à des procédés constamment mal-
honnêtes et désastreux pour tous" ? (¹)

J'ai simplement dressé cette étude lorsque je
me suis cru renseigné d'équitable façon sur
l'état de notre parler, et après m'être bien rendu
compte que la revendication du statut de la
langue française au Canada doit être laissée aux
avocats seuls auxquels ce soin est confié, ainsi
qu'aux hommes politiques capables de faire
valoir nos droits; et que le meilleur, le plus
efficace moyen, pour les Canadiens-français
du commun et de partout, de faire respecter
la langue française par leurs compatriotes du
commun et de partout, c'est de commencer par
la parler bien eux-mêmes et par la respecter.

Les écrivains canadiens-français qui ont
inauguré l'œuvre épurative de notre langage
ont fait réaliser des progrès sensibles, non seulement chez le peuple, mais dans le monde enseignant et dans nos classes dirigeantes. Je n'ai
point songé à autre chose qu'à faire ma modeste

____

(1) V. *Le Progrès du Golfe*, Rimouski, 17 sept. 1915

part dans cette œuvre d'épuration; si bien que, pour un rien, j'aurais été tenté de reprendre ce jourd'hui, dans notre colonie linguistique française, le titre même que Joachim du Bellay a mis, en 1549, à son ouvrage dédié aux Français de la métropole, et d'intituler cet essai: *Défense et Illustration de la langue française au Canada;* mais c'eût été trop prétendre et démesurément user de la permission de comparer les travaux des abeilles à ceux des cyclopes—*si parva licet.* En tout cas, pour ma quote-part, j'ai cru bon d'indiquer, comme je les ai vus, les achoppements nombreux qui retardent la progression de la langue française au Canada. De ces obstacles, il en est un, très sérieux autant que très réel, qui provient de l'aversion plus ou moins prononcée qu'un certain nombre de nos prêtres éprouvent particulièrement pour la littérature et les idées françaises. C'est un droit que ces prêtres possèdent de répandre leurs convictions; mais il faut prendre garde que, au point de vue de notre parler—le point de vue cardinal, le seul et unique auquel nous nous tenons et revenons sans cesse et sans défaut tout le long de cette étude—le Canada français est réellement colonie linguistique française, comme le sont tous les pays du monde où l'on parle français, et que, pour prospérer en leur langage, toutes ces colonies doivent se tenir dans l'angle de rayonnement du foyer toujours ardent de la langue française. Les particuliers qui, au lieu d'épanouir le plus possible ce rayonnement, tâchent au contraire à le restreindre, s'imaginent faire œuvre de zélés catholiques, mais gênent en ce faisant la diffusion de la lumière française aussi bien que le perfectionnement du verbe français dans ces colonies. Et tout de même qu'il est inutile d'enseigner le piano à des enfants pour qui la musique est physiologîquement antipathique, tout de même il est à craindre que les jeunes Canadiens-français, élevés dans la désaffection de la France, ne deviennent réfractaires à l'étude de la langue française et, conséquemment, ne parlent leur langue maternelle qu'à la façon de ceux qui l'ont apprise à demi-cœur, sinon avec répugnance.

Ne voilà-t-il pas un fait qu'il importe, dans un essai dont la seule prétention est d'être impartial et sincère, de mettre au compte des obstacles à la progression, chez nous, de la langue française ?

* * *

Tous nos écrivains dignes de ce nom, tous nos hommes d'études (et combien de nos prêtres éclairés!) connaissent aussi bien ce fait. C'est au nom de tous ceux qui le connaissent et le déplorent, que j'ai cru nécessaire de l'exposer, comme les autres faits importants qui conditionnent la situation de la langue française au Canada ... Je sais bien qu'à cela je n'aurai gagné que des embarras; qu'il m'eût été bien plus profitable de le nier que de l'affirmer, de me faire du même coup une place dans le rang de ceux de nos journalistes et historiens nationaux qui ont l'esprit plus pratique de soigner les petites et les grosses puissances prébendeuses, de nos nicodémites qui se font un outil de leur timidité même, de ces moyenneurs incorrigibles, de ces opportunistes de génie, de ces grands-servants du Commodisme qui, lorsque par hasard une initiative excite leur envie, se hasardent à exprimer la moitié de leur pensée sur des hommes morts depuis longtemps, et jugent l'actualité en ménageant tout ensemble la chèvre et le choux, le jardinier et le berger, la pioche et la houlette, la clôture et la barrière, le juge de paix avec son député et les électeurs bleus, rouges, blancs, noirs et violets, le curé du village et sa ménagère—mais par accoutumance tiennent le nez au vent, ne se risqueraient pas pour un empire au contre-fil de l'opinion publique dont ils font plus sûrement leur méloplaste, s'égosillant quand les lions rugissent, miaulant quand les tigres rauquent, braillant quand les ânes braient, faisant mmmè quand les moutons bêlent, caracoulant quand les ramiers roucoulent, ahanant quand les tâcherons tâchent, meuglant quand les révoltés mugissent, contrefaisant ainsi tous les cris selon la note qui diapasonne le ton du jour, de l'heure ou du moment.

Mais ils ne réussissent pas à transposer si bien
l'aigre filet de leur aigre voix d'aigres eunuques
de la philosophie, de la politique, du patriotisme et de la religion, qu'à la cabalette de leur
septièmc-dominante ne se reconnaisse la fausseté
de leur musique, laquelle ressemble à de la conviction comme une goutte de la pluie du ciel
ressemble à une goutte d'eau de nos aqueducs,
c'est-à-dire qu'à l'analyse rien n'est plus dissem-
blable, en vérité.   Toutefois, ils ont raison puisqu'ils en vivent heureux et tranquilles, comblés de
faveurs et de bénédictions. Ce sont de ceux-là—
comme des lièvres déboulent, les oreilles au
derrière, au poue d'une sarbacane—qui ont été
pris de peur panique en *entendant dire* que j'atta-
quais le clergé ; ce sont de ceux-là qui ont crié au
scandale et ont vite mis leurs ongles et leur bec
au service de l'autel, qui n'en avait d'ailleurs nul
besoin.   Pour sa part, M. A.-D. DeCelles—
ancien journaliste, homme de lettres, soi-disant
historien national, conservateur de la biliothèque
du parlement canadien, président (par roule-
ment) de la Section française de la Société royale
du Canada, chevalier de la Légion d'honneur,
etc., etc.—a écrit textuellement ceci pour reconnaître la francophobie du clergé canadien-français, pour approuver cette francophobie et la
justifier—timidement, bien sûr, et avec de l'onc-
tion, certes, et sans avoir l'air d'y toucher,
'turellement, et avec des réticences et des reculs

habiles, puisqu'il a la prudence du serpent, bref, pas en droiture, puisque "le style est l'homme même":

> Certainly there is no love lost as to the government (*il s'agit du gouvernement français*) on the part of the Quebec clergy. Could they have any consideration for the free-thinkers who have excluded religious teaching from the state schools? Can they admire men like Viviani, the present minister of justice, who boasted óne day that "We have extinguished the stars in the heavens," meaning "the belief in God"? How can they esteem men who have torn "like a scrap of paper" the solemn treaty made by Pope Pius VII and Napoleon?" .... (1).

Voilà l'homme.

M. DeCelles est un auteur. Il occupe une position qui le met à même de se rendre exactement compte des difficultés que nos écrivains doivent surmonter pour publier une œuvre dans une langue française passable; il sait mieux que tout autre que nos écrivains y parviennent rarement. Il a fait plusieurs séjours en France et se trouve ainsi qualifié pour établir des comparaisons salutaires. Il connaît les défauts de notre enseignement et ne se gêne d'ailleurs

---

(1) *Citizen*, Ottawa, 27 mai 1916.

aucunement, *dans le privé*, pour exposer ces défauts, pas plus qu'il ne se gêne, *dans le privé* toujours, pour dire ce qu'il pense des Français. . ou
de leur gouvernement (que ceux de ses amis et
celles de ses amies qui ne l'ont pas entendu me
lancent les premières pierres!) Il a toujours été,
et plus qu'aucun autre Canadien, dans une situation à rendre facilement les services les plus utiles
à la langue française, à la défendre contre vents et
marées, sans qu'il lui en coûte un cheveu. Et voilà
ce qu'il écrit et que comprendront suffisamment
ceux qui savent lire! Or, avant que de se dé-
partir de sa pusillanimité coutumière et de sa dé-
fiance naturelle, que d'écrire et de publier cette
justification de la haine que des prêtres canadiens-français éprouvent à l'endroit du gouvernement français, M. DeCelles n'aurait-il pas dû,
par décence au moins, céder à l'envie de jeter
aux poubelles cet insigne de la Légion d'honneur
qui doit le déshonorer au regard des honnêtes
gens ? Car ce ruban rouge qu'il était si fier d'accepter, EN NOVEMBRE 1903, du gouvernement de
ces libres-penseurs et, plus précisément, du ministère de l'infâme Combes en chair et en os, ne
conférait à ce nouveau chevalier aucune mission
de se faire l'exégète de la politique française ou le
commentateur des discours de M. Viviani, ni de
raconter aux Canadiens que ce que Viviani avait
voulu dire au juste, c'était que son gouvernement avait éteint la croyance en Dieu—*"mean-*

ing the belief in God" ..... Qu'en sait-il ? Des étoiles, comme des intelligences, il y en a qui brillent, qui attirent, mais qui s'éclipsent, se cachent lorsqu'on les cherche, et dévoient le voyageur perplexe ou anuité. Et combien y en a-t-il, de flamboyantes, de fondamentales, de fixes, de doubles et de multiples, pour ne pas parler des temporaires, des variables, des changeantes, des informes, des errantes, des tombantes et des filantes ? Les astronomes en ont catalogué un demi-million; mais nous savons bien que, même avec leurs télescopes, ils ont la courte-vue. Viviani aurait éteint tout cela ? Il est dans la lune. Quelques-unes, s'il y tient; mais lesquelles, au juste ? *That is the question.* Si ce n'étaient que des nébuleuses ? Ah, le finaud! Il sait bien qu'il n'est pas taillé d'éteindre celles qui guident les destinées. Le cardinal Fesch n'arrivait pas à voir celle que Napoléon lui pointait avec assez de précision, pourtant. Napoléon seul la voyait. Et c'est ce qui importe, que chacun trouve la sienne, la reconnaisse et la suive; que chacun la porte au fond de son cœur, au zénith de son firmament intime, souriant à son jardin secret ... De Fachoda, Marchand écrivait: "Selon toute apparence, la mort nous attend, soit que nous tombions les armes à la main, soit que, minés par la fièvre, nous périssions sous les assauts d'un climat meurtrier. Dès que cette idée est acceptée, elle ne nous trouble plus. Nous allons de l'avant, avec entrain. Et au fond de nos cœurs brille une petite étoile qui ne s'éteint jamais.'' Cette étoile du héros de Fachoda n'est décidément pas de celles que Viviani a éteintes, puisqu'elle étincelle toujours et guide encore les braves, Marchand et ses pareils, sur le chemin de l'honneur et de la victoire. Enfin, M. DeCelles nous dira-t-il quelles sont les étoiles que le gouvernement français a pu éteindre ?

—La croyance en Dieu.

Hum ! Il convient, certes, d'entendre avec un respect profond l'oracle d'un mage dont la science, pour ne pas prendre 364,300 ans à nous parvenir (ainsi que la lumière de certaines étoiles) a la profondité de la voûte céleste ; mais, à ce que nous voyons aujourd'hui en France, et sans lunettes, il paraît si peu que Viviani ait éteint cette étoile mystique, que la digestion de l'oracle, cette fois, exige un grain de sel.

J'y pense. Si les étoiles de Viviani lui avaient tout simplement fait voir des bluettes, à ce bon M. DeCelles, ou des orblutes comme disait Daudet, ou des chandelles comme nous disons chez nous ? Franchement, plutôt de se fourrer dans l'œil ces étoiles inconnues, plutôt de se mettre aussi vraisemblablement le doigt dans l'orbite, M DeCelles n'avait-il pas l'occasion belle d'arrêter son doigt sur sa tempe et, pour changer, de contrefaire les penseurs ? Socrate enseignait:

"Connais-toi toi-même"; Pyrrhon disait: "Il me paraît"; Montaigne haussait les épaules: "Que sais-je ?" Galilée n'était point convaincu: "Et pourtant, elle tourne"; Pascal: "Vérité en deça des Pyrénées, erreur au delà"; Descartes: "Les livres me trompent"; enfin, tout près de nous, Mérimée: "Il faut être honnête homme, et douter". Autrement dit, la pensée qui s'impose est infâme. "C'est mettre ses conjectures à bien haut prix, ajoutait Montaigne, que d'en faire cuire un homme tout vif"... Au fait, a-t-il jamais guidé ses pas sur quelque tramontane, s'est-il jamais engagé dans quelque voie lactée, notre pénétrant analyseur des rêves d'autrui, ce flaireur des intentions, ce sondeur des cerveaux et des reins, ce moraliste au sirop d'érable, cet approfondisseur des mystères, ce casuiste poseur de règles du devoir, ce pépère de l'Eglise canadienne ? Un autre, avant lui, a abstrait la quintessence de la morale utile, de la justice accommodante et du droit absoluteur des vilenies; un autre a formulé les restrictions mentales et les équivoques qui résolvent les cas de conscience autrement qu'avec de la franchise. C'était un jésuite espagnol qui avait nom Antonio Escobar y Mendoza. Il inventa le système et devint illustre. Son nom propre fut donné à une pratique sale qui se compose d'adresse hypocrite, à une morale dénommée escobarde. M. DeCelles retarde.

Tant y a que le flétrisseur du Viviani éteigneur d'étoiles est un chevalier combiste (1) ; que ce donneur de lichades au clergé me fournit sous le manteau l'information que je ne lui demandais pas pour justifier l'anticléricalisme (2) ; que ce président qui damne un collègue de publier la francophobie religieuse, le devance pour publier lui-même cette francophobie cléricale (3) ; que cet empêcheur de révéler les maladies de notre parler à ceux-là qui peuvent s'en guérir, les décèle dans un journal où elles n'ont que faire (4) ; que ce torticolis compromet la véracité de ceux qui n'ont d'autre crédit que leur sincérité—dénaturant des procès-verbaux (5) pour faire mensongèrement entendre au public, sous sa signature autoritaire, que je me suis caché, que j'ai eu la tremblote de produire mon opinion en présence de Mgr Bruchési . . . Quand on pense! Lui, M. A.-D. DeCelles, qui parle de la frousse de ses collègues, qui impute de la lâcheté aux autres! Non, pas ça, pas ça! Il y a des limites au cynisme, sinon au grotesque; il y a surtout des limites, comme dit M. Maurice Donnay, de l'Académie française, "pour se foutre du public". M. DeCelles qui parle de peureux! . . . Pas ça, de grâce, pour l'amour de notre rate et de nos

---

(1) V la signature et la date de son brevet de chevalier —(2) V·
Appendice, note 82 — (3) V. *Citizen*, 27 mai, *supra* — (4) V
Citizen, 27 mai — (5) V *Citizen*, 7 juin, *Le Droit*, 9 juin 1916,
et confronter avec les procès-verbaux de la Soc. royale, session
de mai 1916

côtes! Il y a des limites au rire, entendez-vous!
Pauvre de lui! Peut-on se punir plus cruelle-
ment soi-même en crachant aussi droitement
en l'air?.....

Avez-vous lu l'*Héautontimoroumenos*, Mossieu? A vrai dire, ça n'est pas de la dernière
récence, et si le langage profane était moins
inconvenant, nous oserions même ajouter, ce
qui est pourtant vrai, que ce livre ne frissonne
plus très chaudement des baisers de la presse.
Cela date plutôt d'un siècle ou deux avant notre
ère; et l'auteur est inconnu. Son nom rime sur
quelque chose comme Florence, ou Térence; et
c'était un Carthaginois, une manière de latin, oui,
de latin qui écrivait aussi en latin, mais en imi-
tant les Grecs, les Grecs morts qui s'appelaient
des Attiques pour se distinguer des Grecs boches
à qui il faut dire zut. Les autres jouaient de la
flûte. C'est un savant de passage qui m'a appris
cela et aussi que le joli titre, à ce livre, signifie
un monsieur qui se fait son propre bourreau en
se mêlant de choses qui ne le regardent point et
en reprochant aux autres des choses qu'il
devrait se reprocher d'abord. Ça n'est pas très
concis, en français. Pour exprimer leurs idées
d'un mot précis et bien sonnant, les Grecs sont
épatants. Les Français ont perdu le tour, eux,
depuis la mort d'un militaire qui écrivit un
poème intitulé "La garde meurt et ne se rend
pas." C'est pour cela que ça se dit en grec, le

nom de mon histoire, ou en latin. En effet,
c'est en grec imité du latin. Je crois même que
c'est le contraire; mais ça ne fait rien. Pour nos
bacheliers, ça se lit aussi coulamment que du
DeCelles: c'est merveilleux de limpidité, de
grâce, de profondeur et de philosophie. C'est ado-
rable, tout bonnement. C'est l'histoire d'un monsieur romain, romain et respectable, respectable
et bégueule, cependant que si peu rigoriste pour
soi-même qu'il se laisse godichement pincer
(Approchez l'ouïe: Dans une passade galante—
chut!) et se fait berner dans les grands prix par
ceux-là mêmes sur qui ce monsieur romain, respectable et bégueule exerçait sa rigueur. Mais
je ne puis dire les détails, vous pensez bien . . .
Si Monseigneur nous entendait! . . . . Il y a
même un beau vers dans cette comédie, comme
dans la pièce du dramatiste lyreux qui promène
ses rêves affamés dans le *Monde où l'on s'ennuie*,
une autre comédie; car l'autre aussi est une
comédie. Je ne vous l'avais pas dit? Pas possible!
Si bien, c'est une comédie, l'*Héautontimoroumenos*, et il y a un beau vers dedans:

.   *Homo sum, et humani nihil a me alienum puto.*

C'est du latin. Comment, vous n'avez pas lu
ça? Faut ce livre "dans toutes nos bibliothèques," voyons. Serait-il séant que celui-là seul
nous manquât? J'irais jusqu'à dire que cet
ouvrage serait sortable à une grande biblio-

thèque nationale et publique. Oh, pas dans les rayons accessibles au public, bien sûr! Et vous ne voudriez point que je vous en avisasse... Pour qui me prenez-vous, Mossieu? Mais à la dérobée, chattemitement, pharisaïquement, en catimini, dans l'*enfer* enfin, ce paradis noir des livres maudits où Brantôme chuchote à l'oreille de Maupassant des drolichonneries pour dérider les messieurs sages en voyages officiels—dans le cabinet de réclusion cadenassé à quintuple tour, dont la clef traîne partout, et hermétiquement impénétrable à quiconque n'a pas patte pelue, gros nom ou petit minois. Vive l'Hypocrisie!

Voilà l'homme, vous dis-je, l'homme serviable et servile à souhait, bon comme le pain du bon Dieu, l'homme amain, l'homme matois, l'homme à tout, l'homme à tous, l'homme-nibus enfin à quoi l'on peut descendre, sinon monter, sans même prendre la peine de s'essuyer les pieds.

Mais redevenons sérieux, si nous avons un moment cessé de l'être au gré de tout le monde.

En condamnant et en dénonçant, comme il l'a fait, avant de l'avoir jugé, l'auteur d'un écrit apertement dédié à la défense de la langue française au Canada, ce président de la Section **française** de la Société royale, qui a manqué au premier de ses devoirs présidentiels, celui de demander et même d'exiger la lecture d'une communication franchement présentée comme controversable, voire damnable au regard d'un pareil président, cet historien cafard a démontré ceci: notre langue maternelle se ridicoculise en agréant l'obséquieuse épée de ces ardélions, qui ressemble trop au sabrrre de M. Prud'homme et, comme cette prud'hommesque flamberge, s'emploie trop hardiment à défendre nos institutions et, au besoin, à les combattre. Cette épée, fausse comme le chevalier qui la porte, épée de bateleur plutôt que de combattant, se nomme en français explicite une *excuse*, Messire Turlupin, sans être autrement, aux capons porte-glaive, une excuse pour se faufiler dans la mêlée, y débiter leurs philippiques à rebours qui deviennent des capucinades dilatoires, félonnes et nauséeuses, et traîtreusement abscondre les obstacles que la plus élémentaire stratégie commande de repérer avec précision pour repousser plus sûrement l'assaut—"a sort of Verdun assault"—que la langue française, chez nous, subit depuis plus longtemps qu'il ne le paraît.

* * *

Je livre donc au public cet essai modeste—mon opinion, sans doute discutable, mais franche et sincère, et fondée à ce qu'il m'a semblé—sur l'état actuel de la langue française au Canada. Je le livre d'abord et surtout aux lecteurs de bonne foi, religieux et laïques, qui pourront se rendre compte que—si parfois mon expression s'est ressentie de l'affliction et même de l'indignation qui me sont venues du traitement que l'on inflige trop souvent chez nous à la langue française, de l'ignorance satisfaite, des sentiments d'hostilité ou de fausse amitié qui écrasent sa floraison dans notre pays, du travail des limes sourdes qui usent sa vitalité et compromettent donc son avenir—mon intention n'a jamais été que de servir notre langue maternelle, et, en dessillant leurs yeux, suggérer une ferveur plus diligente à ceux qui l'aiment et veulent la défendre. Pour cela, j'ai été aux documents et aux sources; j'ai pris bonne et juste note des arguments *pro domo* des apologistes de notre parler; j'ai fait de mon mieux pour me dégager de tout préjugé, pour établir le compte des jugements excessifs des dénigreurs de notre langage, comme aussi des compliments de pure courtoisie qui engluent notre dévotion à la véritable langue française; enfin, j'ai étudié la situation au point de vue philologique et à nul autre, et je n'y ai point cherché prétexte à discussions religieuses ou politiques. Il peut sembler saugrenu de parler aujourd'hui de notre langue sans fléchir sous le poids du jour et donner dans la politique; mais je me suis payé ce luxe, puisque j'occupe mes loisirs de littérature, et non de politique. Toutefois, et je m'en rends compte le premier, j'ai abordé mon sujet

sans le moindre arroi linguistique, comme un
mal-armé, comme un pauvre Gauthier-sans-
avoir allant d'enthousiasme et à boule vue
donner dans l'embuscade, plutôt que de partir
d'aguet et en belle escorte philologique, équipé
de tous les approvisionnements de la grammaire
empirique, de la critique textuelle, de l'analogie
lexique, de la sémantique, de l'étymologie, de la
morphologie, de la phonétique et de tout le
tremblement de la psychologie du langage.
Autant dire comme on dit, que je suis allé au bois
sans cognée. Mais au contraire et au fait, j'y vais
plutôt à la bûcheronne, et sans microscope en
effet, puisque les défauts de notre parler sont
apercevables à l'œil nu, et sans scalpel, puisque la
hache est nécessaire et que la besogne essentielle
affère aux bûcherons de meilleur droit qu'aux ra-
tisseurs de plates-bandes; la matière est bonne à
mettre en coupe de nettoiement et puis en coupe
réglée, sinon à tire et à aire. Qui me trouvera en
pénurie de linguistique, en prévarication d'écriture, et qui me criera: *Medice, cura te ipsum*,
apportera une preuve nouvelle et même super-
flue à la vérité que je me serai efforcé de faire
entendre: que nous pratiquons chez nous la
langue française sans avoir pu l'étudier convenablement. Aussi les ministres jurés de notre
parler, nos puristes, qui jugeront malhabile
mon appel à l'application de tous, pourront-ils
au moins croire à ma sincérité et me recevoir à

résipiscence. Les fautes, grièves ou vénielles, que l'on ne manquera point de me reprocher, m'inspireront une contrition parfaite; et je prie le ciel que les péchés que j'ai cru nécessaire de confesser pareillement pour ceux de mes compatriotes qui n'ont pas le temps de battre leur coulpe, inspirent de même aux offenseurs de la langue française un aussi ferme propos de n'y plus retomber, en reconnaissant comme leur, l'un de mes *meâ-culpâ*. C'est ma prière au cœur saignant de la doulce parlure de France, de ce langage de la Vérité, de la Justice, de la Franchise, de la Paix et de la Beauté—de notre langue maternelle. Si je l'ai dite comme un enfant qui balbutie son oraison naïve, j'aurai mêmement la candeur de croire que le ciel, aidant ceux qui s'aident, exauce parfois avec une plus grande bienveillance la prière des petits que la rogation des grands. Et je ne cesserai de travailler et d'espérer. *Fac et spera.*

* * *

Ce modeste essai, je le livre à la tartuferie des DeCelles de tout acabit et à la prudoterie des attrape-minons, tout autant qu'à la mauvaise foi mal-écrivante des rédacteurs du *Droit* et de leurs congénères, au patriotisme inverti de ceux des Canadiens qui professent qu'il faut cacher la vérité, à la candide ignorance,

enfin, d'autres Canadiens qui se sont fait accroire
que notre langue n'est susceptible d'aucun amen-
dement. Les lecteurs animés par ces sentiments
ou mus par ces dispositions diverses, pourront—
en toute connaissance de cause, cette fois—
apprécier cette opinion comme bon ou mauvais
leur semblera et, si le cœur leur en dit, me lancer
les foudres dont ils disposent. Une critique vi-
goureuse, acerbe, acidulée, déchirante, à la
saumure, à la cantharide, au vitriol, au picrate,
à la mélinite, voire au tomahawk, n'est pas pour
me désobliger. Hélas! il y a déjà jolie lurette que
j'ai passé l'âge à qui les coupeurs d'oreilles sont
un épouvantement! Le volètement des chauves-
souris de sacristie n'effarouchera pas davantage ma conscience, ni ne la dévoiera; pas davantage ne m'épeureront les clappements de
bec des hiboux que la lumière fait boubouler et
dont le chuintement sinistre d'oiseaux téné-
breux clangore en cris de Pierre l'Ermite, à ce
qu'ils s'imaginent, mais plus réellement en
criailleries zigzaguantes de jars capitolins flai-
rant, à temps perdu, quelque nouveau Capitole
à sauver. L'on me fera probablement un crime
aussi de m'en prendre à un homme dont le
mérite le plus clair est d'avoir de l'âge—à quoi
je répliquerai d'abord que l'attaque est venue de
lui; ensuite, que, de bon compte et de bonne
guerre, l'âge ne saurait être un bouclier qu'à condition qu'il cesse d'être une arme offensive. Et je

ne crois pas qu'à m'observer, en l'hôtel de
Bourgogne ou de la lune opaline, le gentil
Cyrano de Bergerac, mon bon maître, eût senti
se coaguler son sang généreux, car plût à Dieu
que je n'eusse visé une cible, plutôt que de viser
à un but. Sur ma foi, je ne me soucie miette
de brocarder un bonhomme qui s'est mis au
blanc sans y être invité et qui, à la vérité, eût
été mieux inspiré de rester à l'arrière où il n'eût
pas eu à se plaindre du commerce des embusqués.
Au reste, il a une plume et des loisirs; qu'il se
justifie autant qu'il le pourra, et le Saint-Esprit
l'assiste! Il n'aura d'ailleurs pas à courir
jusqu'à Berlin pour trouver des juges de son
geste, de sa posture à l'égard de la langue française. . . Aussi de rien n'aurai-je à me repentir
si j'ai pu déshabiller quelque peu nos saints
de bois et découvrir leurs icones, qui prétendent en imposer à la vénération des adorateurs;
mais je me féliciterais de fleurdelyser à l'épaule,
sinon au front, pour qu'ils se reconnaissent
eux-mêmes au moins, tous ces faux bonshommes
qui nous prêchent leur véreuse morale et qui
sont, n'est-ce pas que trop vrai, les grands
responsables du gauchissement de nos exalta-
tions, de notre incurie pour notre langue, du
mésusage de nos aptitudes et énergies, de
notre patriotisme à contre-fin, de cette veulerie,
pour mieux dire, en quoi tout cela se transforme
à la continue, de cette veulerie qu'ils enruban-

nent et dont ils sont les plus coupables, au bout du compte.

Que m'importe ce qu'en diront les dévotieux ? N'ayant pas déserté le rang des Poilus qui défendent de leur mieux la langue française au Canada, je tiendrai pour glorieuses les blessures que je m'attends à recevoir derechef pour m'être trop exposé en servant notre langue de la façon qui m'a paru la moins vaine. Je prétends néanmoins n'endurer point que l'on pousse l'injustice jusqu'à la diffamation, arme coutumière de certains—comme le génie boche emploie la balle dum-dum lorsque sa sauvagerie ne se satisfait plus de la mort de l'adversaire, mais y veut mettre le raffinement de cruauté qui marque ici-bas le passage des illuminés. Guillaumes ou Torquemadas, qui se croient les accomplisseurs des volontés divines. Je n'ai pas de secrétaire pour rédiger, transcrire et distribuer aux gazettes mes impressions de derrière la tête ou du creux du cœur; je n'ai d'ailleurs aucun journal à ma dévotion; et les organes mensongers jusque dans leur nom, comme le *Droit* et la *Vérité*, se font un devoir de conscience de charger des accusations des plus accablantes la tête des gens qui ne pensent pas comme eux, mais ils estiment excessive la charité chrétienne au nom de quoi ces accusés réclament leur justification. Enfin, j'ai plus et mieux à faire. Je ne me livrerai donc à aucune polémique, inutile d'ailleurs avec des gens de mauvaise foi. Ce n'est pas que j'attache plus de prix qu'il ne convient à ce modeste essai; mais, nul ne l'ignore, la matière même de son sujet est la plus irritante qui puisse être pour certains esprits de chez nous. Ce n'est vraiment pas, non plus, que j'attache plus d'importance qu'il ne sied à son humble auteur, ni que j'estime son interprétation du sujet digne de faire couler autant d'encre qu'elle lui en a coûté; mais chacun sait aussi bien que la faiblesse d'un adversaire et son peu d'importance sont précisément les deux considérants qui décident à l'attaquer pour l'étouffer plus aisément. Boileau—un classique, même à Québec—s'est rendu compte avant moi qu'il entre quelque fiel dans l'âme des dévots, et Boileau n'a fait qu'appliquer à notre temps la leçon de Virgile: *Tantæne animis cælestibus iræ!* L'accident est prévu de date ancienne. Je me réserve, par le présent, de requérir tout simplement la protection des tribunaux si mes contradicteurs m'attribuent des expressions dépassant par trop mon propre texte ou s'ils m'imputent trop malicieusement des mobiles ou des intentions que ce texte ne justifie point. A bon enndeur salut, et Dieu garde!

Quant au scandale, si le lecteur est déçu de n'en point trouver, dans cet essai, autant que lui en ont annoncé les défenseurs patentés et triplement oints de la langue et de l'autel, s'il n'en trouve vraiment pas pour son argent, il voudra bien s'en prendre à ceux qui lui en ont trop promis.

L. DE M.

OTTAWA, 20 novembre 1916

en la fête

de S. Dase, qui, ne voulant pas consentir aux impudicités qui se commettaient à la fête de Saturne, fut mis à mort par l'ordre du président Bassus (*Le Martyrologe*),

&

de mon trisaïeul, Jean-Baptiste Testard de MONTIGNY, chevalier de Saint-Louis. Il n'avait encore que douze ans lorsqu'en 1736 il se rendit au fort Saint-Frédéric pour y faire, au milieu des troupes, l'apprentissage de la vie guerroyante (Abbé DANIEL). "Ce fut lui qui donna le pre-"mier coup de hache à la porte du fort Bull et "qui décida les troupes à le bûcher, sous le feu "de l'ennemi. Il a reçu plusieurs blessures et a "été fait prisonnier à Niagara par 'es Sauvages "anglais qui ne lui ont laissé la vie qu'en con-"sidération de l'estime que leur inspirait sa "bravoure. Son père, ancien Capitaine, était, "lorsqu'il mourut, couvert de blessures PARIS, "17 mars 1764, *Signé*: VAUDREUIL". . . Au fait, son père, Jacques TESTARD, Ecuier, Sieur de MONTIGNY, chevalier de Saint-Louis, reçut dans sa dernière affaire et pour son compte quelque quarante blessures (GARNEAU, II, p. 35) . .

En préparation, par le même auteur:

L'HOMME-NIBUS

roman de mœurs canadiennes, à l'huile de cèdre.

La langue française au Canada

Son état actuel

APPRÉCIATIONS DIFFÉRENTES

Depuis quelques années, la langue française au Canada soulève de si vives et si générales discussions, et se prête à de si âpres luttes, qu'il n'est point hors de saison d'examiner attentivement et franchement ce qu'elle fut et ce qu'elle est devenue. Rappelons d'abord de quelles façons différentes on a pu l'apprécier.

Quelques écrivains de France, d'Angleterre, de Suède, des Etats-Unis et d'autres pays encore, plus ou moins avertis et plus ou moins célèbres, ont—si je puis dire—plaidé l'innocence de notre langage. D'autres ont tout simplement déclaré sa culpabilité et l'ont même condamné à mort. Les mieux avisés ont invoqué les circonstances atténuantes. C'est un procès où se révèle une sympathie trop grande ou le contraire de ce sentiment chez les avocats qui ont reçu nos aveux, j'entends les littérateurs étrangers qui nous ont fait l'honneur de nous visiter et de nous écouter; où se trahit surtout l'exiguïté de leur champ d'enquête; où se manifeste le peu de profondeur de leur information. Il serait superflu de dire combien furent nombreux ces écrivains étrangers qui jugèrent notre langage, puisqu'ils commencent avec le père Chrestien LeClerq qui, en 1691, se prononçait déjà sur la façon de parler "d'une peuplade formée de personnes de toutes les provinces de France"; et que le père LeClerq confirmait seulement l'appréciation du père German Allard, venu au Canada vingt ans auparavant.

Il convient aussi de faire la part, chez nos visiteurs, des propensions à voir les choses du bon ou du mauvais côté, tout comme nous les voyons nous-mêmes (¹). A preuve l'expérience de M. l'abbé Emile Chartier qui, aux derniers jours de novembre 1915, donna à ses élèves de l'université Laval une dissertation sur les caractères actuels de notre parler.

Un groupe de ces étudiants (qui ne fréquente apparemment que des érudits ou qui s'est formé une bien fausse idée de la langue classique du XVIIe siècle) proclama que nous parlons toujours le pur Louis XIV. Un autre groupe (qui s'est rendu compte des dangers auxquels notre langage n'a pas toujours échappé) déclara que nous parlons un patois. Le troisième groupe (dont l'appréciation dénote de la critique) désigna notre parler comme une langue composite, ou déchue de la splendeur originelle, mâtinée

---

(1) *Les renvois sont reportés à l'Appendice.*

d'éléments hétérogènes tendant à la désapparenter de plus en plus du français.

Ce fut malheureusement le cas, chez la plupart de nos écrivains, d'exprimer, sous la seule impulsion de leurs sentiments, ces deux opinions extrêmes, que nous parlons un patois ou que nous parlons la langue du grand siècle. La défaveur excessive qui nous a été ainsi témoignée n'était guère flatteuse; mais la faveur excessive venant d'autre part nous a probablement nui davantage en nous encourageant à persévérer dans "la langue du grand siècle" et en nous justifiant de ne point faire un cas suffisant de la langue de notre propre siècle.

Nous avons grandi dans ces préjugés jusqu'à ce que la linguistique trouvât chez nous quelques adeptes qui mirent les sentiments de côté et étudièrent notre langage au point de vue scientifique, le seul qui vaille. C'est ainsi que M. Adjutor Rivard, s'aidant des travaux de M. James Geddes, qui, le premier, sauf erreur, appliqua la méthode scientifique à l'étude du parler franco-canadien, s'appuyant aussi sur les statistiques ethniques de M. l'abbé S.-A. Lortie, a pu isoler les éléments constitutifs de notre langage et arriver à une définition précise (²).

LE FRANCO-CANADIEN PRIMITIF

La grande majorité des émigrants qui peuplèrent la Nouvelle-France étaient des provinciaux dont bien peu appartenaient à la classe instruite et dont la plupart étaient des patoisants de la Normandie, du Perche, de l'Anjou et des autres provinces du nord, de l'ouest ou du centre de la France. Il est indubitable que les administrateurs des affaires publiques de la colonie, les seigneurs, les religieux, les chefs du commerce èt de l'industrie firent du français la langue dominante—encore que ces dirigeants et les autres émigrés au Canada, ainsi que Théodore Pavis l'a judicieusement remarqué, aient "été séparés de nous avant l'époque où tout le monde en France s'est mis à écrire et à discuter" (3). Il est également certain que les divers patois, venus chez nous avec les émigrants du nord, de l'ouest et du centre de la France, se fondirent abondamment dans le peuple et dans les familles, avec un assortiment assez varié de locutions dialectales. L'analyse philologique, telle qu'on la peut pratiquer de nos jours, a permis d'effectuer cette décomposition des éléments constitutifs de notre parler originel et d'évaluer leur résultante ou leur produit. Mais au XVIIe siècle, on n'était pas encore revenu à la philologie et l'on ne s'en souciait mie. Les annalistes et les chroniqueurs qui subsistaient de la cour ne s'avisèrent guère qu'en la Nouvelle-France pût se développer une langue différant peu ou prou de celle de Colbert et de Louis XIV. Aussi Chateaubriand, qui véritablement fut plus artiste que linguiste, devait-il écrire, en 1822, d'après cette impression restée jusque-là sans contrôle: "Nous sommes exclus du nouvel univers où le genre humain recommence . .; et, déshérités des conquêtes de notre courage et de notre génie, à peine entendons-nous parler dans quelque bourgade de la Louisiane et du Canada, sous une domination étrangère, *la langue de Colbert et de Louis XIV;* elle n'y reste que comme un témoin des revers de notre fortune et des fautes de notre politique" (⁴).

N'y a-t-il pas lieu de nous demander, en passant, comment cette appréciation, si accablante pour nos optimistes, n'a pas valu la moindre réprobation à Chateaubriand, alors que Voltaire a encouru et continue d'encourir, chez ces mêmes optimistes, la réprobation que vous savez, pour avoir fait exprimer ses idées universellement pacifistes par le truchement de son docteur Martin qui, pour tenir son rôle de philosophe plus pessimiste que les plus pessimistes, déclina de se pâmer d'admiration à la vue des Français et des Anglais s'entr'égorgeant "pour quelques arpents de neige *vers* le Canada" ? (⁵). Mais passons.

Même aux premiers historiens canadiens

l'exactitude des faits de langue parut évidemment moins importante que l'exactitude des faits d'histoire. Ferland dit: "La langue française s'établit, uniforme et sans mélange de patois, mais marquée par des particularités d'expressions et de prononciation propres à la Normandie, au Maine et au Poitou ([6]); et M. Rivard croit, là-contre, avec Mgr Gosselin, et après examen, "qu'il ne faut pas prendre à la lettre ce que l'abbé Ferland a écrit de la langue des premières générations canadiennes" ([7]).

Donc, dans le creuset de la colonie nouvelle, tous ces éléments provenant des diverses provinces de France se fondirent lentement et s'amalgamèrent pour composer un peu plus tard la première langue franco-canadienne évidemment destinée à dégager un caractère original, mais dont on n'a jamais pu dire avec autorité qu'elle fut la pure langue classique de France. D'autant moins que l'influence des parlers provinciaux donna à ce français régional une phonétique généralement composite réunissant, chez un même individu, des accents de différentes provinces. C'est ce parler en brassement que nos ancêtres ont colporté et implanté au hasard de leurs courses lointaines et de leurs établissements aventureux; c'est ce parler qui constitue le fond du langage populaire franco-canadien, dans quelque province qu'on le retrouve; c'est ce parler enfin qui fait

porter à M. Rivard—dont j'ai fort imparfaite-
ment résumé la savante analyse—le jugement
que voici:

On aperçoit bien que ce n'est ni le français classique, ni
un patois pur, ni un français corrompu, et que cependant
il accuse des particularités assez saillantes et assez d'uni-
formité sur toute l'étendue du territoire, pour constituer
un *parler régional* . . . car on abuserait peut-être du
langage en l'appelant un *dialecte*. Le franco-canadien est
donc un parler régional relativement uniforme, sans être
homogène, et que caractérisent des formes patoises diverses, incorporées au français populaire commun du nord
de la France. Ajoutons qu'il a gardé, comme tous les
parlers exportés, un caractère archaïque par rapport à
celui de la mère patrie, et, en même temps, a emprunté
aux langues avec lesquelles il s'est trouvé en contact
quelques éléments étrangers (8).

Cela est fort bien. Mais cela ne désigne guère
"le pur langage de Colbert et de Louis XIV," et
pour cause. Nous n'avons point d'échantillons
du langage populaire de nos colons avant la
Conquête, car les missives ou relations diverses
qui nous ont été transmises de cette époque
proviennent naturellement de personnes ins-
truites et qui ne représentent nullement la
moyenne de la population (9). Mais l'on peut et,
ce semble, l'on doit justement induire des conditions mêmes de la colonie, de l'état et des
occupations des colons, que leur langage ne
s'élevait point, en qualité, au-dessus de sa
formation naturelle, populaire au premier chef,

manquant conséquemment de syntaxe, de correction, de pureté et surtout de classicisme.

Mgr Amédée Gosselin a publié un très important ouvrage qui, par une documentation copieuse autant que précise, démontre, comme Chauveau le faisait antérieurement remarquer, que "nos colons ne furent jamais dans cette ignorance absolue et abrutissante dont on est encore frappé chez les basses classes de quelques pays européens" (10). Mgr Gosselin montre du doigt qu'à Montréal comme à Québec, sous le régime français, "la cause de l'éducation sut inspirer de beaux dévouements"; et nul n'en voudrait disconvenir, surtout après avoir lu son ouvrage. "L'instruction primaire des garçons, rapporte-t-il, sans être universellement répandue à Québec et dans ses environs, n'y faisait pas absolument défaut." On voit même, à cette époque, quelque pratique d'enseignement secondaire. Au fait, "apprendre aux enfants à lire, à écrire et à compter, leur enseigner le catéchisme, les former à la vertu, voilà ce que voulaient tout d'abord, en fondant leurs écoles, Mgr de Laval, Mgr de Saint-Vallier, les Jésuites, les Sulpiciens et les Frères Charon." Et "les enfants apprenaient à lire, à écrire et à chiffrer, tout en s'occupant aux travaux de la terre et à différents métiers." Au besoin, les maîtres d'école se dévouaient aux récoltes plutôt qu'à leurs classes, et la chose se comprend de

reste. Le clergé et les autorités civiles s'inté-
ressèrent à l'enseignement; cependant Mgr
Gosselin ne laisse pas de nous convaincre que
"les colons du Canada avaient tout contre eux,
le petit nombre, la pauvreté, l'éloignement, la
rigueur du climat, un état de guerre presque
continuel." Et le principal souci d'un bon
nombre de colons, particulièrement des soldats
qui s'établirent dans la colonie après la décorpo-
ration de leurs régiments, était de profiter des
avantages qu'offrait le trafic des pelleteries; ils
couraient donc les bois et s'adonnaient à la
traite ([11]); et le soin d'instruire les enfants
restait aux mamans et aux grandes sœurs "qui
avaient passé une année ou deux au couvent."
De son côté, Garneau ajoute que, dans la colonie, "il ne fut jamais question d'aucun plan
général d'instruction publique; et, chose inouïe,
l'imprimerie ne fut introduite dans la colonie
qu'en 1764, cent cinquante-six ans après la fon-
dation de Québec." On peut à bon droit s'émer-
veiller de ce que la majorité de nos ancêtres,
"étant donné les circonstances," sût lire et
écrire, ou tout au moins *signer*. Mais ne serait-il
pas excessif de pousser l'émerveillement plus
loin ?

TROIS CLASSES LINGUISTIQUES

a) Nos populations rurales

La langue des premiers Canadiens se composait sans aucun doute de *mots* bien français pour la plupart, comme s'en compose aujourd'hui le langage de nos paysans. Mais ce semble être une contre-vérité de conclure que nos ancêtres parlaient "la langue de Colbert et de Louis XIV" et que nos paysans parlent également "un français très pur," pour ce que des vocables qui se trouvent dans la bouche de nos compatriotes les plus illettrés se retrouvent également dans le texte des vieux classiques français. Ce commun usage de mots, par nos campagnards et par les auteurs de France, a maintes fois inspiré à des écrivains des affirmations manquant de raisons suffisantes, comme il a fait dire à M. Ernest Marceau: "Ils (ceux parmi nous qui contestent la pureté du langage de nos gens) seraient encore plus ébahis si on leur prouvait, textes en mains, que ce langage (le parler franco-canadien) qu'ils croient bâtard, est celui des meilleurs écrivains des XVe, XVIe et même XVIIe siècles" (12). Ces "textes en mains" nous montrent des *mots*, pris çà et là dans des auteurs classiques et qui sont en effet les mêmes que ceux dont nous nous servons . . .

Un Norvégien ou un Chinois en voyage prend ainsi, dans un vocabulaire de touriste, des mots français qui se retrouvent individuellement, *comme mots*, chez les plus parfaits poètes du Parnasse français, mais dont ce voyageur fait un assemblage à la va-comme-je-te-pousse et qu'on peut imaginer. Le mot, pour employer la terminologie des architectes, est un matériau. Pour juxtaposer les mots, aussi bien que les matériaux, pour en appareiller quelque chose qui se tienne et qui ait de la ligne, du style ou simplement de la correction, ou seulement un nom, il faut du savoir, du métier, sinon de l'art.

Nous trouvons ce renseignement précis dans la mine que le regretté J.-Edmond Roy a léguée, sous un titre un peu trop restreint, *Histoire de la Seigneurie de Lauzon*, aux étudiants en histoire du Canada:

Ceux des habitants de la seigneurie (de Lauzon) qui savaient écrire ignoraient, il faut l'avouer, l'orthographe et la grammaire, mais ils parvenaient à se faire comprendre (13).

Les premiers colons du Canada avaient très sûrement les mots, hérités de leurs mères françaises; il est moins certain qu'ils aient possédé le savoir—qui ne s'hérite point, mais s'acquiert, et fort laborieusement—et qu'ils se soient souciés d'apprendre et de pratiquer le métier d'assembler ces mots selon les règles impérieuses de la grammaire sans quoi il ne peut exister de bon langage et sans quoi le parler populaire de nos ancêtres, pas plus que le nôtre, ne peut

ressembler "au langage des meilleurs écrivains"
qui, eux, possédaient, outre les mots, le métier
et même l'art de les assembler (14). En sorte
que les mots, les mêmes que l'on retrouve dans
la bouche de nos campagnards et sous la plume
des maîtres écrivains, comme M. Marceau s'est
appliqué à en relever dans Montaigne, Rabelais,
Villon, Marot et Saint-Simon, ne sont que des
va-ci-va-là et ne constituent point, épars ou pris
ainsi individuellement, "un langage d'une pureté
remarquable", pas plus qu'un amas de pierres
ne forme, sans assemblage ou cimentés vaille que
vaille, un chef-d'œuvre d'architecture. Enfin,
la démonstration est apodictique, car c'est pro-
verbe que moellons dans le champ ne font pas
maison bâtie. "Les mots ont une âme qui
apparaît au contact d'autres mots" (Flaubert).
Pour dire justement que nos campagnards parlent le langage des "meilleurs écrivains," il
serait donc nécessaire de savoir d'abord si,
comme les meilleurs écrivains, ils établissent ce
contact qui fait apparaître l'âme des mots et
rend ainsi leur discours "pur et parfait." C'est
ce qui n'est pas démontré, et c'est ce qui n'est
guère démontrable. L'hyperbole est flatteuse,
mais la vérité vaut mieux. Ce qui semble plus
vrai, c'est que nombre de mots et même d'expressions provenant des ancêtres et se retrou-
vant dans la bouche de certains de nos paysans
comme aussi parmi le peuple des villes qui y

ajoute des anglicismes, sont disparus de la langue française moderne, à tort ou à raison. Il est de ces expressions que nous aurons le mérite d'avoir sauvées de l'oubli et que la France viendra sans doute reprendre chez nous, un jour ou l'autre. Il en est d'autres dont la disparition n'inspirera de regrets éternels à nul homme de goût.

Ainsi, le poète Chrestien de Troyes écrivait: "Que moult lor plet *quanque* il voient." Notre paysan qui dit: "Vous savez t'i *quand qu'i's* viendront ?" (15) emploie évidemment un mot *français* du XIIe siècle, mais que les plus conservateurs de nos écrivains seraient honteux de restituer. Et l'autre qui répond: "A c't heure, i's viendront t'êt' bien *quand et lui*" emploie à son tour un ancien synonyme d'*avec*, et si joli que Chateaubriand a tenté de le réhabiliter, mais sans succès, en le reconnaissant digne d'entrer dans la langue de ses *Mémoires*: "Mon père me menait *quand et lui* à la chasse."

Aucunement signifiait autrefois, et même encore du temps de La Fontaine, *quelque peu, de quelque manière*. Aujourd'hui ce mot signifie *point du tout, nullement*. De même, *aucun* (s'il peut encore signifier *quelque, quelqu'un* dans les phrases dubitatives ou interrogatives, ou s'employer comme pronom indéfini dans ce même sens) ne possède généralement plus le sens affirmatif que les anciens auteurs lui donnaient. En France, *aucun*, au sens affirmatif, est devenu archaïque; chez nous cet archaïsme nous fait traduire *any* par *aucun* et se corse ainsi d'un anglicisme d'autant plus condamnable qu'il fait dire, à ceux d'entre nous qui parlent comme parlait Montaigne, exactement le contraire de ce qu'ils croient exprimer:

En proportion de son capital la réserve de cette banque est au nombre des plus considérables de celle d'*aucune* banque du Canada;

On demande à louer un logement de 4 à 5 chambres dans *aucune* partie de la ville; (16)

Aucun garçon ou fille en dedans de 18 ans peut faire application pour cette position.

Comme nos illettrés, Chateaubriand écrit encore "Un sentiment profond a *poigné* mon cœur"; Frédéric Soulié répète le mot ("L'effroi a *poigné* son cœur") et réédite ce barbarisme qui devait donc être assez fréquent dans le parler des anciennes provinces de France.

"Elle est belle effrayant—Il travaille dangereux" disent nos paysans de LaValtrie et d'autres lieux. Les *précieux* du XVIIe siècle disaient: "Une mémoire effroyable—aimer terriblement—effroyablement belle"; et Vaugelas recommandait tout particulièrement cette façon de parler (17).

Comme un électeur de Saint-Roch le dirait de M. Laurier, ou qu'un électeur de Labelle l'aurait affirmé de M. Bourassa, Villehardouin a écrit que Conon de Béthune était "bien emparlé,"

Ronsard disait: "Que j'étais heureux . . . . . . Avant qu'avoir bu l'amoureuse poison." Malherbe aussi: "D'où s'est coulée en moi cette lâche poison." Et la plupart de nos campagnards disent encore: "C'est de la vraie poison—c'est de la poison *vif*—cette femme est une poison."

Marguerite de Navarre écrit aussi bien: "Si ma chambriere m'en eust fait autant, je me fusse levée, et lui eusse *tué* la chandelle sur le nez." L'expression a cours en certaines provinces françaises, et notamment chez les Berrichons qui vont jusqu'à dire *cuer* le feu. De même, nos paysans *tuent* et *cuen^t* la lampe, et trouvent aussi le poêle *mort*, pour s'être *cué tout seu.*

Agrippa d'Aubigné écrit: "Ces œufs en un nid *ponds*, en un autre couvés"; et dans toutes nos campagnes les poules auront moins pondu que *pond.* (Dans la région du lac Saint-Jean, dans la Beauce et ailleurs, les poules *ponnent*, ont *ponné.*)

Forcé par la rime, La Fontaine écrit:

> Je connais maint detteur qui n'est ni *souris-chauve*,
> Ni buisson, ni canard, ni dans tel cas tombé;
> Mais simple grand seigneur, qui tous les jours se sauve
> Par un escalier dérobé;

en quoi il n'est pas à imiter, même dans une fable, dit Bescherelle . . . Les bûcherons de mon pays de la Gatineau, nullement forcés par la rime, ni par rien du tout, disent ainsi *souris-*

chauve et, de vrai, relancent La Fontaine jusqu'à dire souris-*chaude*. Comme je leur demande la raison de cette appellation anormale, l'un d'eux m'explique que la chauve-souris n'apparaît qu'aux soirs de grande chaleur, que le froid la fait se tapir dans un trou "et qu'elle est si chaude que l'hiver ne la tue pas." Mais tous les pourquoi des déformations de notre langage ne reçoivent pas de réponses aussi ingénieuses.

Hauteroche dit: "Hilaire *aveint* son passe-partout." Callières, en 1690, déclare ce mot "du dernier bourgeois." Rabelais emploie toutefois le verbe *aveindre*, non plus dans le sens d'aller prendre un objet pour l'apporter à qui le demande, mais dans le sens d'*atteindre*. De même Montaigne: "aveindre à la fortune". Et le Gaspard de notre glorieux 22e régiment interpelle, comme l'auteur du *Cocher*, sa noble logeuse: "Comtesse, aveindez-nous donc les bananes" ([18]).

Chateaubriand écrit "Je n'ai garde de parler d'autre chose. Des journées de juillet, de la chute d'un empire, de l'avenir de la monarchie, *mot*." Et nos gens, pour exprimer qu'il ne leur a rien été répondu, disent: *Mot*.

La Fontaine dit: "Le loup. . . en *pensa* perdre la vie"; Montesquieu: "*Il pensa* bien y avoir en Orient la même révolution." Et Chateaubriand: "Ce nom *pensa* me rester." Le marinier canadien emploie tout ainsi *penser* au sens de *faillir*: "Sa chaloupe—ou son *boat*—a *pensé* chavirer—ou *verser*—ou *se renverser*—ou *se revirer*".

Nous entendons dire ici: "Chez les Lavallée sont partis ce matin"; et l'on entend la même expression fautive—avec le même nom—dans les Charentes.

Les jumeaux sont des *bessons* pour nos villageois comme pour George Sand.

Enfin, M. Paul Stapfer [nous avons pris la liberté de lui emprunter quelques-uns de ces exemples ([19])] cite textuellement les locutions suivantes parmi "les trivialités, les platitudes, les déjections les plus vomitives du langage des rues," c'est-à-dire de la langue verte qui sévit dans la banlieue parisienne:

> Avec ça qu'c'est drôle!
> Le pont que j'ai passé dessus.
> L'enfant que j'y ai dit de venir me voir.
> J'ai plusieurs endroits à aller.
> Faudrait qu'on s'en irait de bonne heure.
> Pourquoi donc c'est i qu'vous partez?
> Je ne sais toujours pas quelles têtes qu'elles ont.
> L'a-é-ou-u?

Qui n'a pas, chez nous, entendu de pareilles locutions et celles-là mêmes?

L'on pourrait multiplier indéfiniment ces citations, s'il était nécessaire de les multiplier pour démontrer que *certains mots*, pris individuellement, ne prouvent pas plus que nous parlons généralement "le langage des meilleurs écrivains," que d'autres mots, ainsi pris individuellement, ne doivent amener à la conclusion que nous parlons généralement argot ou patois. Mais ces citations, comme d'autres qui viendront, et comme toutes celles qui abondent dans le *Bulletin* de la Société du Parler français au Canada, ne laissent pas de montrer que notre parler franco-canadien (qui, par malheur, ne se compose pas d'archaïsmes seulement, ainsi qu'Emile Faguet a semblé le croire) est, dans toutes nos classes, plus ou moins perfectible; que s'il mérite des louanges à certains égards, il ne laisse pas de perdre en maints endroits de sa qualité française et même de son caractère primitif, en manquant de la vigueur qui lui serait nécessaire pour surmonter les obstacles de toute nature qui arrêtent ou tout au moins retardent son perfectionnement. Nous allons tenter d'indiquer ces obstacles, au long de cette étude. Car nous estimons que les louanges dont notre parler a été l'objet sont suffisantes, pour ne pas dire que nous avons malheureusement trop accoutumé de prendre à la lettre certains compliments de pure courtoisie que des personnages officiels ou des écrivains complaisants nous ont adressés sur "l'admirable conservation de notre langue," et qu'il serait moins naïf à nous et plus utile à notre langage de ne point gober—comme une

mariée qui aime à entendre dire qu'elle est belle
—ces compliments de critiques qui n'ont jamais
vu la terre canadienne, qui n'y sont venus en
contact qu'avec nos bons écrivains et journalistes, ou encore qui se sont vite aperçus que le
Canada français n'est pas un pays où il soit
profitable de dire ouvertement ce que l'on pense
des choses ou des gens. Pour être de quelque
profit, ces appréciations, favorables ou défavorables, doivent donc rigoureusement se limiter
à l'autorité des auteurs qui ont fait une étude
approfondie du parler franco-canadien, à la
véracité des observateurs qui ont regardé et
écouté de près, qui ont amassé de bonne foi des
témoignages et des preuves.

La définition de M. Rivard s'applique on ne
pourrait mieux à nos populations rurales et
surtout à celles qui ne sont pas limitrophes, c'est-
à-dire qui n'ont aucun contact avec nos provinces anglophones ou avec les Etats-Unis; car
les "quelques éléments étrangers" que M. Rivard
a notés dans sa définition ne suffisent vraiment
pas à marquer les ravages que l'anglicisme fait
partout, de nos jours, dans notre langage,
surtout parmi nos masses urbaines. Cette définition s'appliquerait donc à celles de nos populations rurales qui sont restées exclusivement
agricoles; à ceux de nos paysans dont les enfants
ne sont pas employés à la construction des che-
mins de fer, à la grande navigation fluviale, aux

"chantiers" de l'exploitation forestière, aux papeteries, aux minières, aux usines ou aux manufactures dirigées, pour la plupart, par des patrons et des contremaîtres de langue anglaise, outillées à l'américaine et qui transportent et produisent encore plus d'anglicismes que de marchandises. Le langage ancestral, le français régional de nos pères, se retrouve en son état primitif dans les campagnes isolées dont la population volontiers casanière se suffit à soi-même; où

> Dans sa cabane
> Pierriche vit content
> Avec sa femme
> Et ses petits enfants;

où s'est perpétué et domine l'esprit conservateur du paysan de France avec ses traditions, ses coutumes, ses légendes même et ses chansons dont l'efficience ne saurait être surpassée dans la conservation de la langue populaire; où le père établit ses fils à ses côtés et leur enseigne à ne point s'exiler pour courir après la fortune; où enfin une force d'inertie (qui n'est pas la *force conservatrice* dont parle Darmesteter, mais bien la propriété qu'ont certains corps de ne pouvoir d'eux-mêmes changer d'état ou d'habitudes) refoule les nouveautés et les tentations qui, dans l'ordre social, ne sauraient être accueillies sans l'abandonnement de quelque chose appartenant au passé. Or, ce que l'on sacrifie

plus ou moins sciemment pour courir à la nou-
veauté, pour céder à la tentation de "voir du
pays" ou de "faire de l'argent," c'est au premier
chef les traditions familiales et c'est la langue
des aïeux. Voyez, par exemple, parmi ceux qui
ont cédé à cette tentation, ces gens qui se désignent eux-mêmes "les Canayens des States"....
(20). Un autre exemple nous vient de quelques
villages du littoral nord du Saint-Laurent, notamment des Eboulements ou de la Malbaie qui,
pour sa part, a commencé par se surnommer
Murray Bay. Les philologues avaient pris l'habitude d'aller rechercher dans ces villages la langue
primitive des Canadiens. Mais la vapeur des
locomotives, des paquebots et des usines a,
depuis quelques années, réduit la force d'inertie
de ces jolis villages en les faisant participer aux
avantages matériels du trafic qu'elle active; et
elle a simultanément épandu sur ces foyers de
notre parler ancestral un nuage qui les rendra
désormais introuvables aux chercheurs des
origines de notre parler. Aussi l'étude que M.
Gauldrée-Boileau publiait en 1875 sur "le
paysan de Saint-Irénée" devra-t-elle bientôt se
ranger parmi les récits légendaires ou tout au
moins parmi les tableaux d'une époque révolue
(21). Le parler de certaines populations de la
rive sud semble avoir moins subi les influences
du progrès; en sorte que ces populations peuvent
disputer aux villages opposés l'honneur de faire

encore entendre aux philologues notre langue primitive avec le moins d'adultérations.

b) Notre peuple des villes

Le peuple des villes, le peuple des faubourgs, hélas! que parle-t-il ? Ce peuple, que l'instruction ne pénètre que comme la rosée du ciel rafraîchit le Sahara, ce peuple qui doit vivre d'abord et qui, pour subsister, doit s'établir autour des usines ou à proximité des grandes industries à capitaux et à vocabulaire anglais, comment peut-on exiger qu'il conserve à sa langue maternelle quelque pureté ?

N'est-ce pas là, franchement, que l'anglicisme fait des ravages ? L'ouvrier ne connaît que par leur désignation anglaise la plupart de ses outils, des pièces de l'outillage de sa manufacture, la majorité des termes de son propre métier. Il vient parfois de la campagne et entremêle, sans en avoir cure, la langue archaïque de son village avec le jargon de l'usine; la rue et la méconnaissance de toute police verbale achèvent la formation d'un parler dont ne voici-t-il pas un échantillon à très peu près exact: "Si vous voulez me spérer un wrench pour settler le washer du sink qui s'est démanché" (22).

Des marches d'escalier.	sont devenues:	des *steps;*
Des bornes-fontaines	" "	des *hydrants;*
Se bien porter	" "	*feeler* ben;
Bien portant .	" "	*smart;*
Provoquer, défier .	" "	*challender* (de *challenge*);

Des tubes ou tuyaux de calorifères . . .	sont devenus:	des *pipes de coil;*
Un chapeau de Livourne, de paille d'Italie	" "	un chapeau de *leghorn;*
Des ressorts . .	" "	des *springs;*
Un patron	" "	un *boss;*
Une femme élégante	" "	un . . . *patron,*
Une dépense, un office, un garde-manger . .	" "	une *pantry;*
L'annuaire des adresses	" "	un *directory,*
Il n'y est pas, il en est loin . .	" "	il n'est pas dedans (*h'is not in it*);
Du pétrole . . .	" "	de l'huile de charbon (*coal oil*);
Faire la monnaie d'un billet . .	" "	changer un bill (*change a bill*);
Croire à la réalité de, se rendre compte de, comprendre, constater, apercevoir . . .	" "	réaliser (*realize*);
L'escompte . .	" "	le discompte, (*discount*);
Une bonne à tout faire	" "	une servante générale (*general servant*),
Au-dessus, sur ou en amont, au-dessous, sous, ou en aval	" "	en haut, en bas (*above, below*);
Un article d'occasion.	" "	un article de seconde main (*second hand*);
Une force hydraulique	" "	un pouvoir d'eau (*water power*).
Une fabrique	" "	une facterie (*factory*),
Un entrepreneur . .	" "	un contracteur (*contractor*),
Présenter des excuses	" "	faire des apologies (*apologizes*).

Et c'est ainsi de suite. Demandez, par exemple, au premier menuisier venu, quel est le nom français du *clapboard*, du *V joint*, du *studding*, du *scantlan* (scantling), d'un *spoke shave*, d'un *drill*, d'un *punch*, d'un *planer*, d'un *grinder*, d'un *scraper*, d'un *bevel*, d'une *gauge*, d'un *scruber*, d'un *beader*, et même des *rippes* que son rabot détache des planches. Entrez dans une filatuie, une allumièie, une scierie, une armurerie, une distillerie, une tissanderie; passez ensuite à la cordonnerie, à la maçonnerie, à la carrosserie; puis dans la télégraphie, la bureaucratie, la bourse, le courtage et la banque, le transport et l'administration. Enquérez-vous, ici et là, aux artisans, ouvriers ou employés de ces divers métiers, industries ou professions, du nom français des objets usuels qu'ils emploient et des choses familières dont ils s'occupent toute la journée. A peu près tout se désigne par un mot anglais, parce qu'à peu près tout a été nommé d'après des catalogues, des prix-courants et des prospectus anglais ou américains, et que l'artisan, l'ouvrier ou l'employé ignore le vocable français propre à chaque chose. Jusque dans l'imprimerie, dans nos ateliers canadiens-français où l'on ne manipule généralement que de la matière française, de la matière écrite et censément soignée, où l'on exécute toutes nos commandes d'impressions françaises (et cela s'appelle des *jobs*), demandez à l'apprenti s'il entend souvent donner un nom français au *rack*, au *dash*, aux *cut*, au *half tone*, aux *line cut*, aux *slips*, au *stick*, aux *wrong founts*, au *stitchage* (!), aux *indentions*, aux *braces*, aux *rules*, aux *matrix*, aux *slugs*, au *dummy*, aux *leaders*, et aux caractères courants *agate*, *small pica*, *brevier*, *long primer* ou *minion*? Vous verrez qu'à tout cela l'on a conservé les noms donnés par les industriels ou manufacturiers anglais et américains.   Est-ce que j'exagère?

Fait remarquable et quelque peu concluant: dans tout notre commerce franco-canadien, les marchands d'ornements d'église sont à peu près les seuls à posséder un vocabulaire usuel presque exclusivement français.   D'une part, les chalands de ce commerce particulier se mêlant moins que toute autre classe à l'élément anglais, et, d'autre part, la provenance plus généralement française des articles de ce commerce, expliquent assez vraisemblablement cette heureuse anomalie d'une spécialité commerciale, au moins, bravant le déluge de l'anglicisation.   Notre librairie elle-même, qui use d'une terminologie bien française tant qu'elle s'occupe de l'importation et du débit des livres français, donne plus ou moins dans l'anglicisme, du moment qu'elle en vient à la papeterie qui ressortit à la fabrication anglaise et américaine, autant que française, sinon davantage. Ce fait démontre avec quelque clarté d'où vient le péril auquel es exposé chez nous le vocabulaire des autres branches de notre commerce et de notre industrie qui toutes, à très peu près, s'alimentent à des sources de production anglaises ou américaines.

Mais reprêtons l'oreille au langage de notre ouvrier des villes et aux vocabulaires dont il est pénétré. Une matinée de chômage, il assiste à une joute de *base-ball*, de *lacrosse*, *de foot-ball* ou de *hockey*. Il n'entend là pas un seul terme français de ces jeux publics et populaires qui pourtant ont chacun leur terminologie propre [23]. A l'île Sainte-Hélène, aussi bien que sur la grève de l'Outaouais ou de la rivière Saint-Charles, ses héritiers qui tirent leur coupe comme exercice d'école buissonnière, ne lui font-ils pas entendre des locutions comme celles-ci, qui ressemblent autant que des sœurs aux "déjections les plus vomitives du langage des rues" que nous avons déjà rapportées (page 17), lorsqu'elles ne sont pas exactement les mêmes:

Pis d'l'eau, comment c'que tu n'avais de creux?
L'eau, jusqu'où c'que ça t'allait? (24).

Après sa journée, si ce n'est pas un *tag day*, mais un *bargain day*, sa femme l'emmènera chez un marchand, dans un magasin de *marchandises sèches* dont elle aura lu les annonces-réclames— M. Eugène Rouillard nous a dit ce que cela est

(25)—et elle achètera un *sweater*, un *jersey*, un *coat* à simple ou double *breast*, des *slippers* en cuir *patent*, un *satchel* à *strap* ou un *suit case* pour loger tout cela, et que sais-je encore! Enfin, le soir, on jouera sans doute en famille un *bridge* ou un *euchre* qui permettra d'étaler encore, avec les cartes, tous les anglicismes inédits que ces nobles jeux propagent dans nos chaumières comme dans nos salons les plus huppés, pour le divertissement de gens, pourtant valides, qui n'ont rien à se dire et à qui le sort de la langue française indiffère.

La mère et les filles, à supposer qu'elles aient fréquenté le couvent, sont-elles capables de réagir efficacement? L'enseignement primaire donné aux enfants du peuple suffit-il à galvaniser le respect du français dans ces cœurs qu'attend la lutte pour l'existence, à les blinder pour résister à l'anglicisation? Sans aucun doute, l'enfant du peuple, devenu ouvrier et chef de famille, continuera à comprendre le français, à entendre le sermon du dimanche et à lire les faits divers de son journal. Mais ces influences vaincront-elles celles de l'atelier et de la rue?

Le journal, le théâtre et la littérature populaires sont généralement les trois sources d'instruction de l'ouvrier. Or, nous savons quelle importance n'a pas, chez nous, le théâtre français. Je ne suis pas de ceux qui professent que la littérature canadienne n'existe pas (26); il est néanmoins manifeste que nous manquons de littérateurs populaires: s'entend, d'écrivains qui se sont donné la mission d'instruire le peuple en lui fournissant des livres à sa portée. Enfin, soit dit sans la moindre malice, le journal est-il de force à suppléer à l'enseignement du français que reçoit l'ouvrier?

Omer Héroux a expliqué comment les conditions de bousculade dans lesquelles se fabrique "la copie multiforme" du journal quotidien, l'impossibilité presque générale dans laquelle se trouvent souvent les journalistes de se spécialiser, et aussi l'apathie des lecteurs toujours satisfaits, sont la cause "que nous avons accumulé une telle quantité de barbarismes, de solécismes et de fautes de toute sorte, que nombre de lecteurs contresigneraient facilement la boutade fameuse d'Arthur Buies: "Je me suis souvent demandé "(écrivait Buies) pourquoi les trois quarts des "journalistes ne renchaussaient pas des patates "au lieu de tenir une plume. A force de les lire, "je suis arrivé à en découvrir la raison: c'est que "nos écrivains ne font pas la moindre différence "entre une plume et une pioche" (27).

Ma foi, nos journalistes d'aujourd'hui—encore que bon nombre écrivent mieux que les contemporains de Buies—ont possiblement quelque excuse à ne point différencier une plume d'une pioche, dans ce pays où la protection des Lettres ressortit au ministère de l'Agriculture. Mais, plaisanterie à part, il faut bien admettre que le peuple de nos villes, quelle qu'en soit la cause, est celle de nos trois classes ou castes linguistiques qui parle aujourd'hui le français le plus incorrect. Ce n'est pas du patois qu'on y parle, c'est entendu. Littré a déclaré, une fois pour toutes et pour tous nos juges qui ont cependant répété cette erreur, que "ce serait se faire une idée erronée que de considérer un patois comme du français altéré." Mais cette constatation suffit-elle à nous rassurer ? Et si Malherbe a pu confesser, avec autant de reconnaissance que de fierté, qu'il avait appris son français à la place Maubert, nos poètes montréalais pourraient-ils, au même titre, se targuer de la place Jacques-Cartier ?

Notre populaire fournit, à la vérité, quelques orateurs à qui le souci de la politique ou de la mutualité a façonné un langage qui n'est pas trop dépourvu de tenue dans une assemblée syndicale ou sur un "husting"; mais ces porte-parole du populaire restent des exceptions et sont loin de marquer le parler moyen du peuple des villes. Cette infériorité verbale, chez le peuple, est d'autant plus regrettable et alarmante que c'est lui, ne l'oublions pas, qui, dans notre pays comme dans tous les autres, crée les mots et forge la langue, l'idiome, le dialecte, le jargon ou le patois qui tend à s'imposer et à subsister.

La plupart des métiers ont cependant un vocabulaire français d'une richesse que nous ne nous imaginons pas, d'une couleur merveilleuse et d'une précision parfaite.

La lente organisation d'une telle langue (dit Rémy de Gourmont en traitant de la langue des ouvriers), faite d'images et de mots détournés d'un sens primitif, fut un travail admirable auquel tous les siècles ont collaboré. Et je ne suis pas éloigné de songer qu'il serait plus utile de faire apprendre aux enfants les termes de métier que les racines grecques; leur esprit comprendrait mieux sur une matière plus assimilable, et si l'on joignait à cela des exercices sur les mots composés et les suffixes, peut-être prendraient-ils plus de goût et quelque respect pour une langue dont ils sentiraient la chaleur, les palpitations, la vie (28).

Au reste, Ronsard, qui révéla à la France le pouvoir évocateur des mots aussi bien que des rythmes, avait depuis longtemps déjà donné ce conseil dans son *Art poétique:*

Tu practiqueras bien souvent les artisans de tous mestiers, comme ceux de marine, venerie, fauconnerie et principalement les artisans du feu, orfèvres, fondeurs, mareschaux, minéralliers, et de là tireras maintes belles et vives comparaisons avec les noms propres des mestiers, pour enrichir ton œuvre et le rendre plus agréable et parfait.

Et Joachim du Bellay a fait la même recommandation dans sa *Deffense et illustration de la langue françoise*

Encore te veux-je avertir de hanter quelquefois non seulement les savans; mais aussi toutes sortes d'ouvriers et gens mécaniques, comme mariniers, fondeurs, peintres, engraveurs et autres . . . pour tirer de là ces belles comparaisons et vives descriptions de toutes choses.

Ces attestations de l'efficacité des termes ouvriers dans l'enrichissement de la langue ne sont point inutiles, car elles soulignent avec autorité l'importance, pour l'amélioration de notre parler franco-canadien, de procurer au peuple, si possible, ces vocabulaires spéciaux qui devraient retarder son enlisement dans l'anglicisation et lui inspirer la création, par analogie, des vocables qui peuvent lui manquer.

Certes, des efforts ont été faits par des particuliers et par les pouvoirs publics pour fournir une instruction plus intensive et plus française à notre peuple des villes; il convient d'applaudir aux lois qui ont rappelé, tout au moins dans la province de Québec, les grands services publics au respect du français; pareillement l'on ne saurait trop se féliciter de l'établissement des écoles techniques, de la diffusion des vocabulaires spéciaux par les sociétés qui se sont chargées de ce soin délicat, voire de l'exemple donné par nos principales maisons de commerce qui commencent à distribuer à leur clientèle des catalogues en langue française. Mais ce sera toujours à l'école primaire que cette régénération verbale devra s'opérer pour produire des résultats durables, puisque c'est d'abord affaire d'éducation et d'enseignement. Nous ne pouvons sur ce point qu'espérer en l'avenir.

c) Nos gens instruits

Enfin, les gens instruits ont leur façon particulière de s'exprimer, et leur façon est naturellement la meilleure. En tout cas, nous allons probablement nous rendre compte de ce fait important: si les conditions dans lesquelles nous apprenons à parler la langue française au Canada (voisinage, ambiance, éloignement, éducation familiale ou enseignement, incurie ou impéritie, désintéressement ou répugnance, allégeance britannique, situation géographique, relations commerciales et professionnelles, ou conditions de tout autre ordre) font qu'il nous est excessivement difficile de la parler parfaitement, ce nous est à tout le moins une possibilité relativement facile autant qu'un impérieux devoir de parler mieux la langue française que nous ne la parlons généralement, même s'il est désirable, à certains égards et avant tout au point de vue religieux ou national, que nous conservions leur caractère distinctif et à notre parler et à notre tempérament—hypothèse que l'on peut défendre aussi sincèrement que l'admettre par épitrope.

En faisant observer ainsi combien il est difficile de parler honnêtement la langue française, il va de soi que nous songeons à la langue des bons auteurs modernes, et non à celle des boulevards en quoi Faguet et d'autres puristes ont facilement trouvé matière à se gausser souvent. Mais lorsque les épurateurs du parler franco-canadien tâchent de nous faire comprendre les raisons et motifs supérieurs qui doivent nous engager à soigner notre langage, ils ne s'illusionnent pas au point de croire qu'en France même, et dans les milieux les plus exemplaires, la *langue parlée* soit réellement "telle à la bouche que sur le papier," si l'on peut ainsi retourner le mot de Montaigne qui recherchait précisément le contraire, mot dont maints écrivains, entre autres Faguet, se sont fait un précepte et que Stendhal a d'ailleurs formulé dans une règle de style: écrire comme on parle. La langue parlée serait insupportable à entendre si elle devait, sans le moindre relâche et sans détente aucune, s'astreindre à la surveillance de soi-même et à la correction rigoureuse que la langue écrite requiert. Les académiciens en robe de chambre se soucient probablement peu du nombre et de la cadence des phrases qu'ils échangent dans leur domestique; ils n'assaisonnent pas davantage leur pot-au-feu aux fines herbes et à la primefleur du vocabulaire; et ils prennent sans doute des privautés avec la langue qu'ils révèrent solennellement sous la Coupole. La langue parlée couramment jouit de privilèges et use même de licences; elle peut se permettre un certain débridement que la langue écrite ne saurait tolérer. Mais entre la bonhomie familière qui est le sans-façon du foyer et qui sait au moment voulu faire place à la tenue parfaite, et la grossièreté invétérée qui reste imperturbablement et sans cesse un relâchement total, n'y a-t-il pas, vraiment, une marge, disons une petite pelouse engageante où nous puissions nous promener à l'aise pour causer un peu des imperfections usuelles et à peu près générales du parler franco-canadien, de celles qui ne se retrouvent pas seulement dans le laisser-aller de l'intimité, mais un peu partout et un peu toujours, et sur les lèvres, de qui dirais-je ? Disons, si vous voulez, sur les lèvres de gens qui devraient parler mieux et même parler bien.

Il est dangereux de généraliser; il serait injuste de mettre au compte de toute notre nationalité des défauts qui ne sont qu'individuels et trop peu répandus pour justifier une conclusion du particulier au général. Aussi m'empressè-je d'en avertir ceux de nos compatriotes de langue anglaise, et les curieux étrangers, de France, des Etats-Unis, d'Allemagne ou d'ailleurs qui d'aventure me feraient l'honneur de me lire: les imperfections du parler franco-canadien, avec les responsabilités que ces imperfections comportent, et qui ont motivé la présente étude, ne sont point communes à tous les Canadiens-français. Nos gens instruits—nous allons bientôt en faire la remarque (page 40)—écrivent plus correctement qu'ils ne parlent générale-

ment, et cela prouve assez qu'ils parleraient
mieux si seulement ils s'en donnaient la peine,
puisque leur écriture témoigne *qu'ils savent.*
Il en est, certes, parmi nous, à qui le bonnet ne
va d'aucune façon, parce qu'ils se sont donné la
peine d'apprendre leur langue, et l'anglaise
aussi; qui parlent et écrivent correctement l'une
et l'autre, et qui font souvent honneur à la
langue de France et même à la langue d'Angleterre; et c'est à ce point de vérité qu'il n'y
aurait rien d'aussi facile que de les nombrer.
C'est également à ce point de vérité qu'il ne
saurait être impertinent de souhaiter que la
Société du Parler français au Canada, ayant en
main le flambeau qui doit éclairer tous les Canadiens francophones, se préoccupe de marquer,
dans l'édition du "lexique canadien-français"
qu'elle élabore avec les soins les plus diligents, la
région particulière et souvent fort restreinte où
s'entendent la plupart des canadianismes, barbarismes, formes dialectales et autres de nos
idiotismes qu'elle collectionne et publie. Car,
rapportées sans indication de limites ou de
frontières linguistiques, comme elles le sont
actuellement dans le *Bulletin* qui livre mensuellement au public et à l'étranger des tranches de ce
lexique important et précieux, ces expressions
dont certaines sont des ridiculités, et pour
la plupart répréhensibles, voire grotesques,
voire "vomitives", pourraient de bon compte

être attribuées à trois millions de Canadiens-français et donc et du même coup à tous nos gens instruits, lorsqu'elles ne sont véritablement imputables qu'à un village ou à une ciiconscription (29). Mais les imperfections, défauts et obstacles que nous signalons nous ont semblé, d'un côté, assez généralement répandus et, d'un autre côté, assez graves pour rendre opportun, sinon nécessaire, l'exposé des multiples causes d'une indifférence plus dommageable qu'on ne paraît le croire.

Nous pourrons donc deviser à l'aise sur le langage des gens de notre condition, de notre classe soi-disant dirigeante, ce qui ne signifie pas que cette classe, de ce qu'elle dirige, se compose exclusivement de gens instruits ou faisant preuve d'instruction, ni qu'elle est toujours tutrice. Nos hommes instruits se révèlent évidemment dans des volumes ou dans des articles de journal ou de revue portant leur signature ou leur griffe, dans les chaires d'église et d'université, parmi les instituteurs de nos écoles, enfin dans nos sociétés littéraires ou savantes; un ceitain nombre se rencontrent au parlement et à la tribune populaire. Et se sauve de moi l'arrière-pensée d'amoindrir leur mérite. Car plusieurs d'entre eux sont de féaux chevaliers, des militants et souvent même des héros, qui se battent pour la langue française en notre pays et reçoivent plus de blessures que de lauriers; ils s'exposent et éliment leur énergie dans l'espoir d'une sainte contagion de leur exemple et de l'amour qu'ils ont au cœur; ils renouvellent, dans des conditions sociales différentes et non plus contre des Iroquois mais contre d'autres sauvages, le dévouement épique et sauveur de 1660, le sacrifice de Dollard des Ormeaux et de ses seize compagnons.

Des gens instruits, on en voit encore au Palais, dans nos rares bibliothèques et nos nombreux bureaux, voire à la bourse, au cercle, parmi les chalands des grands magasins, dans les salons, enfin sur les trottoirs, ceux notamment qui ont la prédilection des promeneurs et des promeneuses. Quand on n'y parle pas l'anglais, on y parle généralement français, c'est encore entendu... Mais nous, qui nous soucions de voir la langue française se répandre en vigueur et en beauté sur le sol canadien, nous tous qui souffrons d'assister aux luttes qui se livrent plus ou moins puniquement contre notre langue maternelle et aux soulèvements de préjugés auxquels ces luttes donnent lieu et pas toujours pour son bien, n'avons-nous pas souvent bondi d'entendre certaines expressions sortir de la bouche de nos propres compatriotes, de nos gens instruits, de ceux-là mêmes qui, aux comices nationaux et tricolores du 24 juin, crient le plus éperdument au respect de notre langue, de nos traditions et de nos droits ? Ces

protestations ont certainement bel air, gonflées
d'éloquence! Mais qu'on les oublie vite en ren-
trant chez soi, en regagnant le bureau, en re-
prenant le trottoir . . .

Se changer ..	pour:	Changer de toilette, de vête- ments;
Excessivement	"	Extrêmement, tout à fait, très, on ne peut plus;
C'est ennuyant.	"	C'est ennuyeux;
S'objecter	"	Objecter;
Acter .	"	Jouer (dans une pièce de théâtre);
Anxieux	"	Désireux;
Transiger des affaires	"	Expédier des affaires;
Ce n'est pas cela qu'il s'agit	"	Dont il s'agit;
Tout ainsi............	"	Simple, sans façons;
Il reste là..	"	C'est là qu'il demeure;
Privilégière.	"	Privilégiée;
Charriot	"	Corbillard;
Il est après téléphoner ..	"	Il téléphone, il est au télé- phone, il est à téléphoner.
Mal parler,..	"	Parler mal;
C'est là où je demeure .	"	C'est là que je demeure;
De la broue	"	De la mousse;
Embarquer dans un tramway, débarquer d'un tramway ..	"	Monter en tramway, dans un tramway, descendre de tramway;
S'écarter	"	Se perdre, s'égarer;
C'est bien de valeur	"	C'est dommage, c'est re- grettable,
Par icitte ..	"	De ce côté-ci, chez nous, ici;
Dérangez-vous pas.	"	Ne vous dérangez pas;
Emotionnée .	"	Emue, bouleversée;
Sa robe fait bien .	"	Sa robe va bien;
Sa dame et ses demoi- selles	"	Sa femme et ses filles;
Je lui ai causé	"	J'ai causé avec lui;
Je m'en rappelle......	"	Il m'en souvient, je m'en sou- viens, je me le rappelle;

Vous sentez-vous de la
   guerre   dans   votre
bout ? . ... **pour:** Eprouve-t-on les effets de la
                         guerre dans votre localité,
                         dans votre industrie;

La salle de thé .... " La salle des thés (et même
                         tea-room, puisque Larousse
                         donne *tea-gown*);

Nous vous avons man-
   qué .... " Vous nous avez manqué .

Est-ce que j'exagère encore ? Ces exemples, je
ne les relève pas chez le peuple des villes, ni
chez l'ouvrier, ni chez le paysan; je ne les relève pas davantage chez les représentants de nos
trois classes linguistiques, c'est-à-dire dans la
langue parlementaire, dans cette langue de la
discussion, qui est souvent discutable et qui est
même, s'il faut en croire Faguet, la langue qu'il
ne faut pas parler. Ces exemples, je les ai cueillis
dans la classe que vous savez, qui les répète
persévéramment avec d'autres d'égale sonorité
et qui les entremêle équitablement avec des locutions *English style* du genre que nous avons vu
plus haut et que nous verrons derechef plus bas.
Le langage courant de notre bonne société en
est devenu contaminé au point de fournir un
prétexte à des ménages canadiens-français pour
faire si peu confiance à notre langue qu'ils
élèvent exclusivement leurs enfants en anglais
plutôt que de leur apprendre un français ne
ressemblant plus au français. Concédons qu'il
se mêle un grain de pose et un grain d'anglo-

manie dans le programme de ces ménages, et que cette pratique accuse un faible assez fort pour l'anglo-saxonnerie; mais voyons-y aussi le prodrome d'un affaiblissement dans l'attrait que doit produire la langue française convenablement parlée.

L'atmosphère d'imperfectibilité littéraire dans laquelle nous vivons donne lieu à un phénomène remarquable. Nos gens instruits *écrivent* généralement un français correct; mais leur conversation se relâche au point de donner parfois l'impression qu'ils manquent absolument d'instruction. On craint de se singulariser en parlant aussi bien qu'on le pourrait dans des milieux où ce relâchement de l'expression est toujours trop toléré; et l'on *dit* des choses que l'on n'*écrirait* jamais. En France, au contraire, les gens du peuple (et nous excluons ceux qui parlent l'argot ou les patois) qui ignorent jusqu'à l'orthographe et seraient incapables de rédiger une lettre de trois lignes sans y loger une bonne demi-douzaine de fautes, *causent* cependant avec une aisance et une correction que l'on prend rarement en défaut. Ce n'est donc pas l'instruction qui manque à nos gens du monde; mais c'est par psittacisme qu'ils laissent se répandre, et aident à se répandre dans notre atmosphère tous ces barbarismes, solécismes, anglicismes, provincialismes, rusticismes, plébéianismes, décadentismes et autres incongruités de notre langage, avec

maintes locutions usuelles et vulgaires qui ne
veulent ordinairement rien dire: chevilles et
bouche-trous de la conversation, qui, n'ayant
point l'aspect d'anglicismes parce qu'ils sont de
contexture française, ne s'imposent point à la
correction. Le principal défaut de ces locutions,
en effet, est de n'avoir aucun sens, ou d'avoir,
au fond, un sens ridicule; et leur plus grave danger est d'être, non pas à la mode, car elles
passeraient avec la mode, mais courantes et
consacrées—ce qui est pis.

Nous n'aurions pas raison de nous arrêter
outre mesure à ces locutions condamnables, de
réciter à la venvole le chapelet ou le rosaire de
ces imperfections verbales qui, en général,
exigent qu'on les examine d'assez près pour
manifester leur infirmité et inspirer la petite
horreur dont elles sont très dignes. Le mérite
serait vraiment trop mince, aussi, de rééditer les
notes prises par ceux de nos écrivains qui ont
publié des *Corrigeons-nous* dont nous dirons un
mot tout à l'heure. Soulignons seulement le caractère d'irréflexion que donnent à notre conversation, à la conversation des gens du monde,
l'emploi et l'abus de certaines expressions
qu'un peu de réflexion suffirait à proscrire, de
réflexion toute simple et sans le moindre effort
philologique, de cette réflexion que l'on peut
sans trop de rigueur requérir des jeunes messieurs
qui furent plus ou moins bacheliers et des jeunes

demoiselles qui ont été diplômées et ont rapporté de leur couvent des médailles grandes et brillantes comme leurs yeux. Sont-elles heureuses de nous apprendre: "Je vais graduer cette année; j'ai gradué l'an dernier." Cela leur donne des airs de petites femmes, déjà, et cela leur va à croquer. Elles diraient cependant, sans commettre un anglicisme et avec plus de gentillesse encore: "Je serai graduée, j'ai été graduée" . . . et encore mieux: "Je serai diplômée." *Graduer* signifiant en effet "conférer des grades *universitaires*," ce ne peut être que l'université, et à la rigueur leur couvent qui les a graduées ou qui les graduera; en tout cas les chères élèves ne peuvent qu'*être graduées*. Mais je me voudrais mal de mort d'être la cause du premier petit pli qui fronçât la candeur de leur front, et je ne dirai rien . . . Pourtant, il faudra bien leur faire savoir un jour, à ces mignonnes diplômées—si elles tiennent à justifier les beaux grades qu'elles ont obtenus dans l'étude du français—que ce français s'attend à retrouver dans leur bouche en cerise de France toute sa pureté et toute sa douceur; que ce beau langage que Musset lui-même aurait voulu mieux servir:

France, ô mon beau pays! J'ai de plus d'un outrage
Offensé ton céleste, harmonieux langage,
Idiome de l'amour, si doux qu'à le parler
Tes femmes sur la lèvre en gardent un sourire;
Le miel le plus doré qui sur la triste lyre
De la bouche et du cœur ait jamais pu couler!

que ce beau langage de l'honnêteté, comme on l'appelait au grand siècle dont nous venons, et qui signifie le parler des gens d'esprit et de belles manières, enfin que ce langage d'élite est souvent fort mal traité dans nos réunions mondaines. Plus tard!... Elles ont bien le temps! Oui, je sais. Eh bien donc! quand viendra pour elles le temps de songer aux choses sérieuses, et même à la chose la plus sérieuse ou qui pourra le devenir, et quand les prétendants commenceront à poindre—et c'est à supposer qu'ils n'ont point déjà point—il faudra qu'elles sachent que, si l'on peut correctement tomber en pâmoison, en défaillance, voire en syncope, en apoplexie et même en léthargie, cette bonne langue française —malgré l'analogie des affections—ne permet pas de *tomber en amour* ni *d'être en amour*. Que les jeunes gens deviennent ou tombent amoureux, cela est possible et cela est charmant; mais c'est bien tout ce que tolère la grammaire, et c'est beaucoup de complaisance chez un chaperon aussi austère qui se scandalisera, néanmoins et pour de bon, d'entendre dire, même en secret: "Un tel est en amour; Une telle est tombée en amour"... Pardonne-leur, grammaire, car ils ne savent ce qu'ils disent!

Dans la rue, dans les hôtels, au théâtre ou dans les réunions sociales, vous n'êtes pas sans avoir entendu un monsieur s'excuser de rester ganté en recevant votre poignée de main.

"Excusez mon gant." Qui s'excuse ainsi s'accuse. Nous avons pris cette expression des Anglais, pour céder encore au besoin qui nous tient de les imiter, sans remarquer si ce que nous leur empruntons est bon ou mauvais, et sans mettre une petite toilette française, au moins un cachenez à ces locutions étrangères, avant de les introduire dans notre monde.

Cette locution est-elle correcte en anglais; est-elle conforme à la grammaire, aux usages et au génie d'Albion? Je l'ignore et peu me chaut. Mais ce que nous savons et de quoi nous devons nous inquiéter, c'est que la traduction par trop littérale d'une locution populaire anglaise et plus probablement yankee, que son adoption par notre classe dirigeante ajoute à notre répertoire une expression triplement fautive. En effet, qui "excuse son gant" commet, en trois mots, trois fautes. D'abord, un anglicisme, puisque cette traduction littérale de la locution anglaise attente à notre grammaire en prétendant faire excuser un gant. On excuse une personne; on excuse aussi bien une incartade ou une erreur; mais—en français—on n'excuse pas un gant, pas plus qu'une table ou une chaise. Anglicisme, solécisme et, troisièmement, faute de savoir-vivre, ou, par euphémisme, faute d'étiquette, puisque dans la bonne société l'on doit se ganter, et conséquemment s'excuser parfois de ne pas l'être, mais jamais de l'être . . .

Il y aurait à broder encore, entre mille autres, sur ces fameux "Compliments de la saison" que, pour singer toujours les Anglais, nous échangeons tout à trac aux solstices d'été et d'hiver, et notamment à la Noël, qui devient si bien le *Christmas* que le Bonhomme Noël y perd lui-même son français et ne répond plus guère qu'au nom de "St. Nicholas" alias *Santa Claus* dans un trop grand nombre de nos familles pourtant originaires de la Normandie, de l'Anjou, de l'Ile-de-France . . . .

Mais l'épluchage de toutes ces expressions nous mènerait loin, et peu utilement puisque, encore un coup, il suffit d'un peu de réflexion pour les éviter et nous empêcher de les répandre dans notre conversation qui souffre d'autres abus plus difficiles à extirper.

Et ne sont pas aussi faciles à vaincre: l'anglicisme, qui abâtardit notre parler; le canadianisme, qui double *inutilement* un mot du vocabulaire français; le barbarisme, qui dénature le mot; le solécisme, qui disloque la phrase et ruine la syntaxe. Il ne suffit plus de réfléchir un peu; il faut avoir été averti par l'enseignement. Aussi ne devons-nous pas trop vivement jeter la pierre à ceux de nos compatriotes insuffisamment lettrés qui ne parlent pas aussi correctement que nous le souhaiterions. Ils n'ont jamais été mis en garde contre ces fautes dont la conversation populaire est farcie, cependant qu'elle

constitue leur principal, sinon leur unique modèle. Comment exiger, par exemple, d'un ouvrier ou même d'un petit bourgeois, qu'il dise
"le bureau des rebuts" plutôt que "l'office des
lettres mortes," quand, en anglais, l'on dit
"*dead letter office*" et que tout le monde, ou
presque, traduit littéralement cette expression
anglaise, comme toutes les autres expressions
anglaises ? Et lorsque le parlement provincial
habille de "tweed" anglais cet artisan pour l'ins-
taller dans le texte de ses lois, comment de-
vinerait-il qu'un "ingénieur stationnaire" est
en réalité un "mécanicien de machines fixes ?"
Où aurait-il appris que le "*gun metal*" se nomme
"acier de guerre"; qu'Eminence ou Excellence
ne doit pas s'employer au vocatif; qu'un "*frac*"
désigne un habit de soirée, bien que le *froc* anglais soit une redingote; que "se rappeler" est
un verbe actif et non point neutre, et qu'au contraire "échapper" est neutre, et non actif; que
les "danses vives" (*fast dances*) désignent des
contredanses menées vivement et pas du tout
celles que dansent des couples se tenant par la
taille et qui sont généralement langoureuses et
rien moins que vives; qu'un "charretier de
voiture légerte" prétend signifier un "cocher
de fiacre", mais que ce n'est pas tout le monde
qui peut comprendre cela; qu'une "tête-d'oreil-
ler" ne veut rien dire; qu'au chapitre des médi-
caments il peut devenir fort dangereux de con-

fondre la "cuillerée à café" prescrite dans le mode
d'emploi des drogues françaises avec la "*coffee-
spoonful*" des drogues anglaises ou américaines,
puisque la cuiller *à café* française n'est rien de
moins que la cuiller *à thé* anglaise—et ainsi de
suite.   L'on entend, et l'on répète comme on
entend; et comme on entend et qu'on lit partout
ces expressions essentiellement vicieuses, c'est
à belles mains qu'on les prend, ou plutôt c'est à
belle bouche qu'on les rend (30).

d) L'anglicisme

Chez nous, l'anglicisme n'est pas ce qu'il est
aujourd'hui, ni surtout ce qu'il a été en France
au XVIIIe siècle; et c'est à déplorer que l'anglicisme n'ait pas rempli chez nous l'office qu'il
remplissait, en France, au temps de Madame
Geoffrin et de la marquise du Deffand. A cette
époque, l'anglicisme en France était la pénétration, dans les grands salons d'abord, puis, par
répercussion, dans la société et dans l'opinion
française, d'idées nouvelles anglaises avec de
nouvelles conceptions philosophiques, sociolo-
giques, politiques et littéraires dont l'esprit
français s'assimila ce que bon lui sembla et qui
devait servir à son évolution nationale (31).
De nos jours, l'anglicisme ne signifie guère, en
France, que l'intrusion, dans l'écriture et le
langage, de simples vocables importés le plus

souvent par ou pour les snobs et les snobinettes et les puffistes des deux sexes qui trouvent très *modern style* de nommer *smoking-room* ce qui jusque-là s'était assez convenablement appelé un fumoir, de dire *club* pour cercle social, *sketch* pour esquisse, *meeting* pour réunion, *matcher* pour concourir (³²) et autres parisienneries de pareil chic, ma chère! La manie s'est répandue, soutenue d'ailleurs par les premières mesures harmoniques de l'entente cordiale, et a gagné les salons, la presse, la littérature. Plusieurs lexicographes, notamment Larousse, ont déjà hospitalisé des centaines de mots anglais, comme *yard* (³³), *creek*, *inlet*, *express*, *canoe*, *township*, *wattman*, *warrant*, *music-hall*, *leader*, *garden-party*, *waterproof*, *steeple-chase*, *coaching*, *footing*, *yatchting*, etc. Ce ne sont toujours que *des mots*, qui s'intrusent, mais qui peuvent rester ou être expulsés sans que le génie de la langue s'en ressente beaucoup, et qui peuvent être parfois naturalisés français, comme ce fameux *indésirable* né chez nous et que les journalistes parisiens ont ingurgité tout chaud. La langue classique française s'est accommodée de vocables anglais, dès l'origine, et continue de s'en accommoder—comme elle s'est assimilé des mots allemands, russes, espagnols, turcs et même chinois. Notons à ce chapitre que l'anglais a fait encore de plus copieux emprunts aux langues étrangères et particulièrement au français (34).   Nous devons nous attendre à voir accueillir officiellement en France un fort contingent de nouveaux mots anglais avec l'entente cordiale linguistique que préconisent depuis une vingtaine d'années déjà, de façon plus ou moins utopique mais persistante, des autorités comme MM. Richet, Chappelier, Bréal et Dauzat (35). L'alliance militaire de la France et de l'Angleterre contre l'expansion germanique va probablement réaliser cette union linguistique pour des raisons de saine économie politique et sociale. Et rien ne répugne, somme toute, à cette entente cordiale linguistique, étant données les origines philologiques du français et de l'anglais qui, dans une certaine mesure, sont les mêmes (36), étant surtout reconnue cette hypothèse de M. Albert Dauzat que "le français et l'anglais se sont déjà partagé ou sont appelés à se partager le monde." Ainsi, le terme anglais, l'ennemi d'hier, sera demain un allié de la langue française, et nous verrons l'anglicisme appuyer le gallicisme dans les tranchées du dictionnaire. Encore est-il que le puissant état-major de la littérature française mettra garde afin que, dans cette alliance, le vocable anglais tienne son rang et se costume à la française pour être immatriculé par l'Académie, et ne compromette jamais l'eurythmie de la doulce parlure de France, son esthétique, son intégrité.

Mais chez nous, l'anglicisme pénètre la pensée

et intéresse son expression. Notre fréquentation journalière de nos compatriotes de langue anglaise nous force à échanger avec eux nos impressions et nos sentiments; les impressions et les sentiments qui viennent d'eux, nous en recevons l'empreinte dans une forme anglaise. C'est ainsi que nos propres pensées prennent une tournure anglaise, et nous les exprimons en des phrases qui n'ont souvent aucune tissure française. Ainsi, l'anglicisme ne fait pas seulement que mêler des mots anglais à notre langage, il en étouffe la syntaxe, il en désarticule l'organisme, il en tue le génie. C'est autrement grave.

"La construction ou syntaxe, dit Darmesteter, est la fin où tend toute langue, puisque les mots, sous les formes grammaticales qui leur sont propres, doivent se combiner en phrases pour exprimer la pensée." Or, le français, comme chacun sait, est une langue issue du latin et donc romane, et "l'anglais est resté au fond une langue germanique, malgré les vingt-cinq ou trente mille mots français qui l'on pénétré, parce que sa grammaire est restée germanique" (Darmesteter). Lors donc que, pensant en français, nous donnons négligemment une forme anglaise à notre expression, c'est la syntaxe même de la langue française que nous attaquons; et la syntaxe étant la construction de la langue, un langage joignant des mots français par une syntaxe anglaise devient littéralement un travail de démolition, une œuvre de destruction et de ruine. Et "des anglicismes, il y en a partout, au barreau, dans les journaux, dans les livres et jusque dans la chaire sacrée" ([37]).

Moi pour un (*I for one*)	**Pour:**	Quant à moi, pour ma part;
En dedans de trois minutes (*inside* ou *within three minutes*)	"	En moins de 3 minutes (Autrefois, on pouvait dire "*endéans* les trois mois," pour dans un délai de 3 mois);
Aucune attention ne doit être donnée à cette affaire (*no attention to be given to that matter*)	"	Cette affaire ne mérite aucune considération,
C'est une belle pelouse pour les enfants jouer (*for the children to play*)	"	. . . pour y faire jouer les enfants;
Comment êtes-vous (*how are you*)	"	Comment allez-vous, comment vous portez-vous;
Prendre une marche (*take a walk*); du trouble (*take trouble*)	"	Se promener, faire une marche; prendre de la peine, se donner du mal, s'inquiéter;
Pour la meilleure exécution de ses devoirs (*for the best fulfilment of his duties*)	"	Pour l'accomplissement, l'exécution parfaite de ses devoirs;
Parler au meilleur de sa connaissance (*to the best of his knowledge*)	"	Parler sans réserve, du mieux que l'on peut;

Au meilleur de ses capacités (*to the best of his capacity*)	pour:	Dans la pleine mesure de ses moyens;
Au meilleur de mon jugement et croyance (*to the the best of my judgment and belief*)	"	Autant que j'en puis croire et juger.
Il désire que vous veniez parler avec lui (*talk with him*)	"	. . que vous veniez lui parler;
Je vais à la maison pour dîner (*I am going home for dinner*)	"	Je rentre dîner chez moi;
M'avez-vous encore besoin (*Do you still need me*)	"	Avez-vous encore besoin de moi;
Payer une visite (*pay a visit*)	"	Rendre, faire une visite;
A tout événement (*at all event*)	"	Quoi qu'il arrive, quoi qu'il en soit, en tout cas;
Le chapeau que je suis venu avec (*that I came with*)	"	.que j'avais en venant;
J'ai plusieurs places à aller (*many places where to go*)	"	J'ai plusieurs courses à faire; il me faut, je dois aller en plusieurs endroits;
Votre lettre est arrivée trop tard pour être répondue (*too late to be answered*)	"	...pour qu'on y réponde, qu'il y soit répondu;
La maison qu'elle est morte (*the house she died in*)	"	La maison où elle, où une telle est décédée;
Des briseurs de grève (*strike-breakers*)	"	Des renards.
Laisser (*leave*) la ville	"	Quitter la ville;

En conformité avec (*with*)	pour: En conformité de, conformément à;
En rapport avec (*in relation with*)	" Relativement à, au sujet de, quant à, etc;
En opération (*in opération*)	" En activité, en fonctionnement, en exploitation, en service, en marche, etc.;
Faire une application (*make an application*)	" Postuler, solliciter un emploi, se porter candidat à un poste, etc;
Watcher une *game* qui paraît pas *safe*	" Veiller au grain; tenir la main à l'exécution de quelque chose; songer, avoir l'œil, ouvrir l'œil à ses intérêts menacés; (au jeu) prendre garde à une attaque, à une feinte redoutable, etc...
Pluie ou soleil (*rain or shine*)	" Beau temps, mauvais temps (38).

De quelle façon nous prémunir contre cette invasion de l'anglicisme, contre le flot montant et grossissant d'année en année, au fur et à mesure que se multiplient les industries qui sollicitent sur notre sol hospitalier l'immigration basse-anglaise ou basse-américaine ?

Dans un pays bilingue comme le nôtre, qui se développe avec une pensée autonome, si l'on veut, mais à la lumière des idées britanniques et sur le modèle des coutumes britanniques; dans notre pays où le commerce et l'industrie, comme toutes les activités nationales, ont en très majeure partie reçu l'empreinte du caractère anglais ou américain; dans notre pays où le français doit forcément échanger chaque jour des idées et des produits avec l'anglais qui l'encercle et le submerge, quelle peut être, de notre part, la réaction salutaire et salvatrice? Contre ce flot montant, contre la faiblesse que notre langue maternelle éprouve sous un faix pareil, le traitement le plus efficace consiste évidemment à prendre des précautions préventives, car c'est le cas ou jamais de répéter qu'il est plus facile de prévenir que de guérir. Nous devons nous immuniser contre ce mal contagieux et épidémique; et la vaccination ne peut consister qu'en l'étude aussi complète que possible de la langue française, et puis de l'anglaise, de façon à pouvoir employer alternativement ces deux langues très différentes sans en faire un mélange répugnant également à l'une et à l'autre; de façon aussi à nous guérir de l'ignorance qui nous fait souvent rendre à César ce qui appartient à Dieu, et de façon à nous mériter du même coup la paix dès ici-bas promise aux hommes de bonne volonté. Cette étude, aussi complète que possible de la langue française, n'est pas une mince affaire, et chacun devrait le savoir si tous ne s'en doutent déjà. C'est bien pourquoi cette étude ne saurait être restreinte aux heures de loisir, à temps perdu, "par les soirs" comme disent si joliment des forestiers et pieds-terreux que j'affectionne comme ils ne l'ignorent point. Cette étude ne doit pas même se restreindre à l'école, puisque nos bacheliers ne sont pas toujours ceux qui parlent le mieux; mais elle devrait d'abord se commencer dans la famille et se poursuivre partout. La chose est possible à une condition, elle n'est facile aussi qu'à cette condition, celle d'aimer la langue française. Le premier enseignement, et le meilleur, consiste donc à la faire aimer. "L'homme fait la beauté de ce qu'il aime et la sainteté de ce qu'il croit", a dit Renan. D'autre part, notre langue maternelle doit, certes, avoir la liberté d'accueillir et de franciser légitimement certains vocables anglais désignant des choses propres à notre terre, à notre population, à notre état particulier de citoyens britanniques parlant la langue française dans un pays américain. M. l'abbé F.-X. Burque, qui a étudié le cas de l'anglicisme dans nos divers groupements, pose la question: "Vouloir supprimer absolument tous les mots anglais ou dérivés de l'anglais, sans faire de distinction, ne serait-ce pas 1° faire acte de chauvinisme, 2° se heurter contre une tâche à peu près impossible?" Et fort du principe de l'assimilation des mots nécessaires, il conclut fort justement que "si un nombre assez considérable de mots anglais *sui generis* et indispensables sont déjà entrés de force dans nos dictionnaires, après avoir envahi notre parler, il est impossible de voir en vertu de quel droit ou de quel principe on voudra interdire et dans nos dictionnaires et dans notre langage un bon nombre d'autres mots qui sont absolument du même genre" (39).

L'assimilation est donc opportune et désirable; mais nous ne devons pas non plus, pour cela, jeter le manche après la cognée, ni parler simultanément anglais et français comme il arrive parfois qu'on parle lorsque, comme dit encore Stapfer, "on lâche en liberté les paresseux qui ne veulent pas se donner la peine de comprendre et d'appliquer la règle si facile et si élégante du participe passé", et que ces paresseux n'ont pas davantage le souci de demander à leur langue maternelle, qui est la langue française, les mots qu'elle peut leur prodiguer pour les mettre en état de s'exprimer décemment. L'assimilation des vocables anglais *sui generis* et indispensables et qui n'ont point d'exacts équivalents français, doit par conséquent s'opérer "par provignement" et selon des règles protégeant, contre tout désordre et tout dommage, le génie propre de la langue française, c'est-à-dire suivant "les procédés légitimes de francisation" (40). Malherbe dirait encore que ces vocables hétérogènes doivent être *dégasconnés* d'abord.

Rémy de Gourmont estime que le français du Canada garde un pouvoir remarquable d'assimilation. Des mots que nous avons empruntés à l'anglais, dit-il, "les uns, demeurés à la surface de la langue, ont conservé leur forme étrangère; les autres, en grand nombre, ont été absorbés, sont devenus réellement français." Il cite quelques-unes de nos déformations, entre autres:

Anglais	Franco-canadien prononciation à la française	Français
Bacon	Bacon	lard (fumé)
Postage	Postage	frais de poste
Shirting	Chatine.	toile.
Bother	Bâdrer	ennuyer, raser (importuner).
Bun	Bonne.	brioche
Runner	Ronneur	coureur.
Shave.	Shéver,	raser.
Shape	Shaipe	forme.
Copy	Copie	exemplaire.
Cook	Couque.	cuisinier.
Voter	Voteur	électeur.
Boat	Baute	bateau...

Et il déclare que de tels mots, naturalisés par les Franco-canadiens, sont réellement français. Grand bien lui fasse! Mais quelle raison aurait-on pour imposer à la langue française (qui ne les acceptera jamais, la gageure est à faire) des mots aussi mal désaxonnés, aussi baroques et aussi *inutiles*, puisqu'ils ne sont que des doublets mal venus d'exacts équivalents français et qui sont même les plus communs qui soient?

Gourmont a heureusement repris son rôle de défenseur de l'esthétique et de l'intégrité de la langue française, pour écrire:

Un homme intelligent et averti peut savoir plusieurs
langues sans avoir la tentation d'entremêler leurs vocabulaires, c'est au contraire la joie du vulgaire de se vanter
d'une demi-science, et le penchant des inattentifs d'exprimer leurs idées avec le premier mot qui surgit à leurs
lèvres.   La connaissance d'une langue étrangère est en
général un danger grave pour la pureté de l'élocution et
peut-être aussi pour la pureté de la pensée *Les peuples
bilingues sont presque toujours des peuples inférieurs* (41)

Donc, pour ne pas devenir la cause de cette
infériorité prédite ou seulement appréhendée,
ou pour que la cause de cette infériorité nationale
canadienne ne soit pas plus déterminante chez
nous, Canadiens-français, que chez nos compatriotes de langue différente, prenons garde
d'exprimer nos idées, toutes nos idées, avec des
mots français, et non point avec le premier mot
qui surgit à nos lèvres. Pour cela, demandons
d'abord à la langue française tous les mots
qu'elle peut nous fournir, et ne nous résolvons
point à l'assimilation, qui comporte toujours
quelque péril, avant que pour faire à la langue
française, notre langue mère, le cadeau de vocables nécessaires, mais qui lui manquent réellement, de vocables dignes de son génie et de notre
respectueux attachement, de vocables qu'elle
puisse accueillir.

e) Aperçu d'ensemble

Ayant fait ces réserves topiques, il ne nous
reste qu'à admettre, et volontiers, que nous
avons gardé la langue de nos aieux; que notre

parler,d'une extrémité à l'autre du vaste Canada, de même qu'aux Etats-Unis, malgré toutes les tares qui le défigurent de différentes façons, selon les milieux, conserve partout son fond français—en quoi notre parler, encore qu'éminemment et partout perfectible, peut néanmoins être jugé plus français que celui de certaines circonscriptions linguistiques de France, où le peuple parle véritablement patois, et donc une langue particulière et inintelligible aux Français qui n'entendent que le français.

Si l'on pouvait prononcer le mot *jargon* avec assez d'impartialité pour reconnaître dans toute sa propriété le sens de ce mot, et ne point le revêtir de la signification péjorative qui lui est communément donnée ([42]), l'on devrait peut-être désigner le franco-canadien comme un jargon composite et qui s'accentue plus ou moins de clocher à clocher. Mais il n'est guère possible de faire prendre cette désignation en bonne part. Disons donc que notre parler est un français archaïque et défectueux plus ou moins, dans nos différentes classes; dans aucune si défectueux qu'il soit devenu étranger ou inintelligible à un Français, cependant qu'ici et là l'anglicisation conditionne, influence seulement ou sature déjà, menace sans cesse en tout cas ce parler d'essence française, sans toutefois que le culte de la grammaire, de cet art d'écrire et de parler correctement, se pratique de façon à refouler, partout avec une aisance égale, cette menace de l'anglicisation. Et, défalcation faite de l'élément spécialement cultivé de notre classe instruite (écrivains, orateurs, dignitaires ecclésiastiques et laïques, hommes d'études et gens du monde), cette définition de notre parler franco-canadien, moins savante et plus modeste que celle de M. Rivard, nous semble, sauf erreur et sauf respect, s'appliquer plus généralement, de nos jours, à toutes nos classes et subdivisions canadiennes-françaises—et, si moins quiète, moins sans-souci, moins stoïque et de moindre repos, elle nous paraît plus avertisseuse et peut-être donc plus salutaire.

Si tant est que l'on puisse diagnostiquer d'ensemble l'état de notre économie verbale par les troubles locaux perceptibles en ses diverses régions, avons-nous suffisamment marqué que les symptômes de nos trois classes linguistiques, bien que ne dérivant apparemment pas les uns des autres, sont à peu près les mêmes à différents degrés de malignité, sont d'un appareil assez commun et assez grave aussi pour accuser une maladie qui nécessite une énergique médication et des soins urgents? "Les symptômes sont les cris de douleur des organes souffrants" disait Broussais. Quel est donc le plus aigu, le plus général et le plus alarmant de ces cris de douleur ? L'anglicisme, tel que nous l'avons examiné. Et la cause du mal qui s'est invétéré dans notre organisme, de cette anémie qui nous prédispose à toutes les contagions, n'est-ce pas littéralement notre propre indolence, notre insuffisante réaction contre la privation des aliments nécessaires à notre formation verbale et contre l'usage de substances trop peu nutritives ?

Que faire pour préserver notre langage ? Tonifier son organisme, secouer notre propre torpeur et tenter l'effort qu'il faut faire pour posséder notre langue et la renforcir au point de la rendre réfractaire à toute invasion des microbes innombrables, pernicieux et variés qui peuplent notre atmosphère.

Il est plus aisé de prévenir une maladie que de la guérir. Mais si nous n'avons pas le courage de faire ce qui est nécessaire pour prévenir, comment aurons-nous celui, plus coûteux, de guérir ? Pourrons-nous jamais nous guérir de l'anglicisme au point, par exemple, de faire couramment comprendre, *parmi nos propres gens*, depuis l'expéditeur d'un colis remis aux messageries jusqu'au destinataire, des abréviations nouvelles et françaises remplaçant les sigles anglais de commun usage chez nous: P. P. (port payé) au lieu de *O. K.*; P. D. (port dû) au lieu de *Collect*; C.R. (contre remboursement)au lieu de *C.O.D.* ? .... (⁴³) Le veuille la Providence qui veille aux destinées de la langue française sur nos bords où la France, jadis,

Jeta sa semence immortelle!

En tout cas et pour les générations nouvelles, puisqu'il est plus aisé de prévenir que de guérir, ne nous lassons point de collaborer à l'épuration de notre langage, et n'embrassons pas trop, afin de mieux étreindre Pour aider à cette cure préventive, restons s'il le faut dans les lieux communs, puisque c'est dans les lieux communs que le mal sévit, et ne répugnons pas même à répéter ce que d'autres ont déjà dit et mieux, puisque, tout coup vaille, on ne saurait enfoncer les clous qu'à force de taper dessus.

L'ŒUVRE D'ÉPURATION

Depuis une cinquantaine d'années, quelques-uns de nos écrivains, légitimement insurgés contre la corruption qui envahit notre langage, ont de ci de là colligé nos expressions vicieuses les plus usuelles et se sont livrés à une salutaire besogne d'épuration. "Les enfants de la Gaule sont un peuple de grammariens", disait Sarcey, et certains d'entre nous prouvent heureusement qu'il reste encore un peu de ce sang gaulois au Canada. Jacques Viger qui, pour avoir été le premier maire de Montréal, n'en fut pas moins un lettré et même un ingénieux chercheur qu'on surnomma le "bénédictin canadien", semble être le premier qui ait eu quelques soucis philologiques, ainsi qu'en témoigne son dictionnaire, publié en 1810, des "mots créés en Canada."

Mais l'épuration de notre vocabulaire, tentée par l'abbé Thomas Maguire en 1846, ne commence à proprement parler, d'une façon systématique sinon très méthodique encore et scientifique, qu'avec Arthur Buies en 1865, suivi de J.-F. Gingras en 1867; puis vinrent successivement Hubert Larue en 1870, J.-P. Tardivel en 1879, l'abbé N. Caron et Oscar Dunn en 1880, Napoléon Legendre en 1884, Alphonse Lusignan en 1890, Louis Fréchette en 1893, M. Sylva Clapin en 1894, M. Raoul Rinfret en 1896, Henri Roullaud en 1908, M. N.-E. Dionne en 1909.

Je ne mentionne pas ici les écrivains qui, comme Bibaud, J.-Edmond Roy, MM. Benjamin Sulte, Pascal Poirier et Thomas Chapais, publièrent des études historiques sur notre langue française au Canada; je signale plutôt ceux qui, à un moment donné, se sont spécialisés à l'épuration de notre parler. Cette œuvre d'épuration, M. Sylva Clapin, M. l'abbé Etienne Blanchard et la Ligue des droits du français la poursuivent de nos jours; et, sur une plus vaste échelle, la Société du Parler français au Canada qui, elle, possède, outre une bibliothèque de référence à peu près complète, un comité de fervents linguistes qui savent faire usage de cette bibliothèque. La Société du Parler français reprend, un à un, tous les matériaux ramassés par ses devanciers, en cueille et recueille de nouveaux, et, de la façon la plus affective qui se puisse, s'applique à contrôler tous ces éléments épars, toutes ces bribes de correction, à les inventorier, les compléter, les bout-à-bouter (entendez-vous le joli canadianisme?), les cataloguer, à accomplir en un mot l'œuvre définitif et vraiment salutaire.

La plume en bataille, et par pressentiment ou destinée s'exerçant déjà à la grande guerre, Olivar Asselin, entre autres qui ne voulaient rien de moins que bouleverser de fond en comble notre système d'enseignement, écrivait dans l'*Action* que le travail de la Société du Parler français ressemble plutôt à de l'échenillage et que cet échenillage ne servira guère tant que les fondements de notre enseignement français n'auront pas été renouvelés. C'est une théorie, et c'est aussi de l'anarchie. Mais l'anarchie ne va pas à tous les climats; et tant que l'anarchie n'aura pas été portée au catalogue de nos articles d'importation, force nous sera de recourir, pour amender notre langage, à d'autres remèdes —et l'échenillage est un autre remède On sait ainsi que l'horticulteur, amoureux de ses plantes qui produisent des fleurs belles et rares comme des néologismes de bonne venue, ravive leurs racines anémiées ou endommagées en soignant leur feuillage qu'il taille, épuceronne et rafraîchit, en soignant aussi le sol qu'il sarcle, terreaute et serfouit. Pareillement, dans la restauration d'un temple—la langue française est un sanctuaire—les grimpeurs de clocher n'ont point à attendre que le mortier soit renouvelé aux fondations, car ils ont leur emploi particulier, nécessaire et périlleux. Que l'on commence donc par le bas ou par le haut, que l'on améliore sous œuvre à défaut de rebâtir à neuf, il n'importe, pourvu que la restauration s'opère et s'achève. Et, en somme, cela n'a rien de plus extraordinaire que de voir le père du nationalisme canadien se faire soudainement recruteur pour l'empire britannique et major modèle dans l'armée expéditionnaire, et devenir du même coup un parfait exemplaire de patriote, puisque tout s'explique et tout se comprend à condition de n'y point mettre de mauvaise volonté ou de parti pris.

De son côté, Edmond de Nevers écrivait sans gants:

> Quand on pourra compter à Montréal cent jeunes gens parlant un français irréprochable, quand vingt avocats de notre barreau seront en état de plaider devant un tribunal comme pourraient le faire des avocats français de province, quand il y aura à la législature de Québec dix orateurs en état de prononcer un discours qu'un conseiller général de département pourra lire sans sourire; quand surtout nos journalistes en seront arrivés à avoir honte de faire des fautes de français, alors seulement le Canada pourra etre certain que le travail d'épuration de la langue française commencera (44).

A supposer que les cent premiers jeunes gens qui se rencontrent à Montréal ne parlent pas un français irréprochable; qu'on n'entende pas, dans une même audience du Palais, vingt avocats de notre barreau préparés à plaider comme des avocats français de province pourraient plaider; qu'on n'applaudisse communément pas d'affilée à l'éloquence impeccable de dix orateurs à la législature de Québec; enfin que l'irrespect de la langue et de la syntaxe ne bourrèle pas de remords cuisants tous nos faits-diversistes et que l'illassable bénévolence des lecteurs ne leur inspire aucune attrition: il n'en va pas moins que ces cent, ces vingt et ces dix se peuvent trouver de nos jours, comme aussi des rédacteurs qui s'honorent de la pudeur des mots et même des phrases. Le travail d'épuration a commencé

Donc, ce pourchas de nos locutions et expressions défectueuses a déjà produit et ne cesse de produire d'excellents résultats, en séparant le bon grain de l'ivraie. La Société du Parler français travaille particulièrement, avec une lenteur académique, il est vrai, mais avec une persistance et un soin des plus méritoires, à la confection d'un lexique franco-canadien qui sera le bréviaire de nos littérateurs et le guide de tous ceux qui conservent le souci de parler français au Canada, tout au moins de parler un franco-canadien dont on n'ait à rougir devant personne. Car nos lexiarques du Parler français ne manqueront pas, dans leur recensement de nos vocables et expressions de toutes sortes et qualités, d'indiquer ceux, comme dit M. Richepin, ''qui sont en or, en soie, en coton, en vieille laine usée,'' ceux aussi qui sont de bonne étoffe du pays et dont il faut faire provision pour les jours de fête, et de marquer d'une grosse croix noire ceux qui méritent d'être proscrits par notre patriotisme et notre bon goût, à la façon de Royer-Collard qui doit inspirer nos académiciens et leur faire dire, comme lui: ''S'ils entrent, nous sortons.''

C'est professer utilement le culte de la langue française que de rappeler à l'occasion les ouvrages qui tendent à épurer notre langage et à le rapprocher le plus possible du français. Il serait donc désirable que ces ouvrages de correction verbale soient davantage connus et répandus, et qu'à leur sortie des collèges et des couvents, jeunes garçons et jeunes filles les pratiquent au même degré que les romans. Les collèges et les couvents enseignent le français classique, c'est toujours entendu; mais il n'est pas aussi certain qu'ils prémunissent les jeunes gens contre toutes ces expressions délétères qu'ils entendront dans le monde, et contre toutes les malfaçons qu'ils y apprendront.

Le *Bulletin* de la Société du Parler français, cet organe quasi officiel de l'épuration de notre langage, compte-t-il un nombre suffisant de lecteurs parmi nos instituteurs et nos institutrices qui, par leur état même, devraient mettre le plus d'ardeur à profiter de ses leçons ? Si je

devenais ministre de n'importe quoi, je ferais
servir d'office ce *Bulletin* à tous les instituteurs
et institutrices du pays, et j'assènerais même
une amende à quiconque n'en couperait pas mensuellement les feuillets . . . De malheur, je ne
suis pas du bois dont on fabrique les ministres!

La plupart des Franco-canadiens *instruits* qui
sont aujourd'hui dans la quarantaine ont gardé,
de leurs études classiques, et notamment de la
culture française donnée au collège, un souvenir
plutôt amer. Que l'on mît la plus grande solli-
citude à détourner leur impressionnable curiosité du courant littéraire français, ma foi, la
chose s'explique; et l'on comprend aussi bien que
tous les professeurs de nos collèges n'aient pu
être des Mounet-Sullys. Mais le moins qu'on
puisse exiger, au point de vue du langage, d'un
homme commis à l'éducation de jeunes gens qui
conserveront toute la vie l'empreinte reçue par
leurs jeunes facultés, n'est-ce pas que ces professeurs commencent par apprendre eux-mêmes
à parler correctement? Par exemple, un professeur peut difficilement corriger ses élèves
et leur enseigner que "patates" est le nom nor-
mand des tubercules qu'en meilleur français l'on
nomme "pommes de terre," lorsque lui-même
ne parle que de "pétaques". . . Que ceux de ma
promotion, et des collèges voisins, dans l'esprit
de qui leurs professeurs n'ont pas laissé l'écho
malsonnant d'une parlure plébéienne ou rusti-

que, me jettent des pommes!...Il est vrai qu'il y a vingt ou vingt-cinq ans, le *Bulletin* du Parler français n'existait pas.

L'Ecole polytechnique de Montréal a récemment instruit, pour sa propre gouverne, une enquête dont les résultats l'amèneront assez probablement à juger opportune la modification de certaines méthodes de l'enseignement scientifique. Aussi bien n'est-il pas nécessaire de porter l'étiquette des dénigreurs jurés de notre système d'enseignement pour souhaiter que la guerre, la Grande Guerre qui, dans notre pays comme dans plusieurs autres, modifiera les conditions économiques et aiguillera les activités dans des directions nouvelles, inspire à nos principales maisons d'éducation la pensée de se demander mêmement si, en ce qui touche à la langue, les professeurs ont tous une formation suffisante pour modeler le langage des élèves appelés à un état social où doit se retrouver la meilleure qualité de la langue française au Canada. L'un de nos puristes (J.-F. Gingras) écrivait déjà, en 1867: "Les meilleurs manuels ne réformeront rien si ceux qui président à l'enseignement public n'obligent pas professeurs et institutrices à retrancher du vocabulaire les expressions impropres que les enfants ont apprises dans le milieu qui les a vus naître."

M. l'abbé J.-O. Maurice, visiteur pour les écoles indépendantes de Montréal, a écrit:

Que nos écoles élémentaires soient donc françaises non seulement de nom, mais aussi de fait. Or, elles ne le sont pas suffisamment parce que l'on y enseigne la grammaire française, qu'on y étudie les auteurs français, qu'on fait écrire aux élèves des bribes de phrases, ou de discours en français; elles ne le seront qu'au jour où, en plus et toujours, l'on y parlera un bon français.

Le bon français à l'école primaire n'est pas aussi fréquent, ni aussi facile qu'on le pense. Il faut, pour l'obtenir, des maîtres et des maîtresses, avertis en ce sens, qui sachent eux-mêmes parler correctement et distinctement et qui soient résolus de le faire toujours par devoir d'état et par esprit patriotique.

Il faut des instituteurs et des institutrices qui surveillent sans cesse le langage de leurs enfants, à la lecture, à la leçon de grammaire comme aux heures de mathématiques, d'histoire et dans leurs jeux, et qui, donnant eux-mêmes l'exemple, ne laissent ensuite rien passer qui soit contre notre langue; reprennent, corrigent, expliquent, encouragent jusqu'à ce qu'ils aient obtenu que les élèves parlent, par habitude, leur langue avec une correction et une perfection que les connaissances grammaticales et littéraires ne feront que compléter plus tard (45).

Le sénateur Poirier l'a proclamé en plein congrès de la langue française : "Le français, messieurs, n'est pas enseigné comme il devrait l'être dans nos écoles secondaires"(46). M. l'abbé Emile Chartier, alors professeur au séminaire de Saint-Hyacinthe, a pareillement écrit: "Dans la réforme entreprise, c'est à la langue des collèges qu'il faut s'attaquer d'abord"(47). Ce sont des vérités. Redisons-les: il en pourra rester quelque chose!

Les écrivains recteurs de notre langage n'ont certainement pas noté toutes nos fautes, même usuelles. Tels qu'ils sont, leurs recueils sont toutefois fort utiles et d'une lecture qui ne peut manquer d'intéresser les jeunes gens pris de l'honorable vanité de parler congrûment; ils sont importants en cela qu'ils donnent, d'une façon frappante et illustrée de nombreux exemples, la conscience du danger. Les observations qui émaillent certains de ces opuscules sont fort intéressantes et parfois amusantes. Ainsi, la fureur qui s'empare de Buies et qu'il exprime avec sa causticité coutumière, lorsqu'il découvre un nouvel anglicisme, acquiert une force comique à soulever la morosité la plus lourde:

"A l'effet que, à l'effet de. . . ." Retranchez-moi cela, retranchez-moi cela; ce sont des bâtons dans vos phrases, et comme vos phrases n'en ont déjà pas de reste pour se tenir, il est inutile de les embarrasser davantage . . .

Il a lu dans un journal québecois: "Il est peu probable que notre pauvre ami puisse *finir la journée vivant;* et il écrit:

Cela et *se réveiller mort* font si bien la paire qu'il est impossible de trouver une fin de chronique plus piquante, mieux appareillée, mieux *assortie,* comme on dit dans certains magasins où il n'y a pas d'assortiment du tout.
—Mon Dieu, mon Dieu! Et dire que j'aime mon peuple et que je crois à l'avenir d'une race comme celle-là!

Le compte rendu d'un concert du violoniste Musin a provoqué des gorges chaudes. Et Buies écrit:

On se plaint de ce que les artistes de talent ne viennent pas nous visiter plus souvent. Il y a de quoi, sacrebleu! Un qui ne viendra pas, à coup sûr, c'est Musin. Il aimera mieux aller chez les Patagons, essayer de son souple archet. Nos frères de la Patagonie, au moins, n'ont pas de journaux qui font subir aux artistes l'épreuve du compte rendu.

—Il y a beaucoup plus de gens qu'on ne croit qui disent
"Délivrer une lecture" (*Deliver a lecture*) pour *faire une
conférence*. A ceux-là je n'en puis vouloir, car ils savent
sans doute tout ce qu'on souffre avant que cette délivrance
soit accomplie, et je les remercie de leurs sympathies.

Un autre effet salutaire de la lecture de ces
petits ouvrages didactiques, c'est de communi-
quer le patriotisme du verbe français; car ils
furent des patriotes, ces auteurs de nos *Corrigeons-nous*.

Nombre d'entre nous se sont épris de bien parler et de
mieux écrire, disait Lusignan. Ils ont découvert cette nouvelle forme de patriotisme français. Le respect de notre
langue est en effet la meilleure preuve que nous puissions
donner à l'ancienne mère patrie de notre fidélité à son
souvenir.

Ecoutez ce qu'écrivait, en 1870, Oscar Dunn,
qui était cependant Ecossais de naissance:

La langue française, c'est un diamant d'un prix inestimable; c'est une œuvre d'art travaillée par des siècles,
d'une beauté à nulle autre pareille. Tout le monde l'ad-
mire, elle charme tout le monde, bien qu'elle ne livre ses
secrets qu'à un petit nombre: il faut être amoureux d'elle,
l'aimer beaucoup, lui faire longtemps la cour, et elle ne se
donne qu'à celui qui sait la vaincre par un labeur persévé-
rant et une longue constance. Mais quels trésors elle
révèle à ses favoris! Sa délicatesse exquise ravit l'intelligence; elle est tout amour et toute gaieté, pleine de no-
blesse et d'enthousiasme, accessible aux sciences comme à
la fantaisie, à toutes les hautes pensées comme à tous les
sentiments dignes; elle comprend votre cœur et seconde
votre esprit. Si vous la possédez, rien ne vous décidera
jamais à y renoncer. Vous la garderez comme votre meilleur bien.

Legendre, Buies et Fréchette confessèrent
aussi fervemment leur culte. Tous ces re-

dresseurs de nos fautes verbales, tous ces réveilleurs de notre attention, de même que tous les orpailleurs de notre bon langage, mirent autant de sincérité que de patriotisme dans leur labeur; et les progrès qui, grâce à leurs efforts, furent réalisés dans notre façon de parler, récompensèrent leur dévouement. M. Benjamin Sulte, en 1890, attestait ainsi ces progrès:

> Nos écrivains d'il y a cinquante ans se servaient de quatre ou cinq fois plus d'anglicismes que ceux d'aujourd'hui. L'amélioration est due aux dix ou douze brochures qui ont été publiées de trois ans en quatre ans, pendant cette période, afin de nous signaler nos défauts Loin d'empirer, notre langage s'épure constamment Mais jugez, par ce qu'il est encore, de ce qu'il devait être en ces temps heureux de 1830 à 1840 (48)

Il serait imprudent d'affirmer que toutes les corrections contenues dans ces divers recueils sont d'une infaillibilité absolue. C'est le propre des puristes d'errer, tout comme les autres hommes; et le purisme volontiers vétilleux de nos apôtres les a parfois induits en rigorisme, même à voir des fautes où il n'y en avait mie—et sans les protéger toujours eux-mêmes contre l'incorrection. Tardivel, qui épluchait ses confrères en journalisme, fut à son tour épluché par l'abbé Chandonnet qui releva "les fautes de français déparant l'opuscule de M. Tardivel"; Fréchette fut ainsi passé au crible par Firmin Paris et ensuite par les espiègles rédacteurs des *Débats* de 1900, qui avaient cet âge impitoyable dont

La Fontaine a parlé; Sylva Clapin et les autres le furent également; et voici quelques exemples inédits de la corrigibilité de nos correcteurs:

Buies lit dans un journal qu'un condamné "va recevoir sa sentence"; et il s'indigne:

> Recevoir une sentence (Receive a sentence) pour *Entendre une sentence.* Il n'y a plus alors pour les condamnés qu'à signer un reçu à leur juge.

Or, dans la classique histoire de *Zadig ou la Destinée,* dont l'auteur a véritablement *reçu* toutes les accusations sauf celle de méconnaître la langue française, il est écrit en toutes lettres:

> Lorsqu'il vint recevoir sa sentence (Ch. IV) . . . . Il fut condamné à cinq cents onces d'or, et il remercia ses juges de leur indulgence, selon la coûtume de Babylone (Ch. III).

Oscar Dunn, dans son *Vocabulaire,* écrit (page 66):

> *Ecarir.* Non français.

Mais il épelle le mot *écarir* avec un *c* et même avec un seul *r.* C'est évidemment ce qui l'empêcha de trouver *équarrir* dans le dictionnaire de l'Académie.

Et Lusignan aborde ainsi la 137e de ses *Fautes à corriger:*

> Je dénonce à regret l'une de nos plus charmantes fautes: "S'ennuyer de quelqu'un." Nous disons: "Que je suis aise de vous revoir; je me suis tant ennuyé de vous!" C'est tout un compliment. Eh bien, il faut y renoncer. On peut ennuyer quelqu'un, on peut en retour s'ennuyer en sa compagnie; on peut même s'ennuyer de tout, c'est-à-dire

être ennuyé par toutes sortes de choses, mais on ne peut s'ennuyer d'une personne absente, c'est-à-dire regretter son absence, se sentir l'âme vide, dégoûtée, loin d'elle. Cela se dit en Bretagne comme au Canada, mais n'est pas reçu dans la langue officielle.

Cependant Bescherelle, qui est l'un des bons gardiens de la langue officielle, donne et définit l'expression *S'ennuyer de quelqu'un:* "Désirer ardemment de le voir, ou d'avoir de ses nouvelles". Et il fournit cet exemple, de Mérimée: "Je m'ennuie beaucoup de vous, pour me servir d'une ellipse que vous affectionnez." Expression elliptique, si l'on veut; mais il ne faut pas faire grise mine à l'ellipse qui est une figure bien française. D'ailleurs, Flaubert l'emploie tant et plus dans la langue familière de sa correspondance.

Je pourrais prolonger quelque peu ce petit échenillage de nos échenilleurs; mais je m'arrête aux vivants, à qui des représailles seraient trop faciles, et je m'abstiens surtout pour ne pas donner plus d'importance qu'il ne convient aux quelques erreurs que les uns et les autres ont pu commettre. Ces erreurs mêmes témoignent en quelque sorte de l'empressement de nos épurateurs, et, dans l'ensemble, leur œuvre a le mérite d'éveiller l'attention contre les dangers très réels qui menacent chaque jour notre langage.

Lusignan écrivait, en 1890:

Notre petit peuple parle mieux que le peuple dans certaines parties de la France, mais nos hommes réputés instruits parlent infiniment plus mal que là-bas.

Et Legendre ajoutait:

C'est, du reste, ce qu'ont affirmé invariablement les visiteurs étrangers qui avaient la compétence nécessaire pour prononcer sur ce point

Tous les puristes canadiens qui ont étudié notre parler au point de vue de la correction, s'accordent à affirmer—et ce témoignage unanime doit être un critérium de vérité—que ce sont nos avocats qui parlent le plus mal. Ils auraient pu dénoncer les avocats au Palais ([49]). Car il faut admettre que la traduction littérale et pas du tout littéraire des termes de la procédure anglaise est moins qu'édifiante, généralement, et que l'élégance du verbe français le cède fortement à la toge. *Cedat lingua togæ!* Mais, lorsqu'ils ont raccroché leur toge au vestiaire de Thémis, nos avocats ne parlent vraiment plus aussi mal— pour ne pas leur adresser de compliments plus pénétrants et qui pourraient faire encore augmenter leurs honoraires ([50]) D'autre part, Tardivel écrivait, en 1879:

De tous nos hommes de profession, ce sont les médecins qui respectent le plus la grammaire, parce qu'ils écrivent et parlent moins que les autres; ils la font même quelquefois respecter aux autres en leur imposant un silence éternel ..

Ne faisons point de commentaires, mais rappelons-nous que la prudence est la mère de la sûreté, axiome qui commence à se traduire dans le tramway: *Safety first*.

Le mal des uns et des autres est possiblement celui dont il est parlé dans *L'Homme aux quarante écus*:

Malgré les progrès de l'esprit humain, on lit très-peu, et, parmi ceux qui veulent quelquefois s'instruire, la plupart lisent très-mal.

Le fait est qu'une fois lancé dans une profession, l'on peut ou l'on veut rarement s'instruire dans la langue; et les étudiants qui cèdent à l'attrait de la littérature, à défaut de maîtres et de guides, s'en rapportent aux dictionnaires. Mais précisément, c'est Buies qui le rappelle: "Pour pouvoir se servir avec fruit des dictionnaires, il faut posséder le génie de la langue."

Et savez-vous le moyen que donne Buies?

Allez, mon ami, allez passer trois ou quatre ans en France; mêlez-vous-y avec les hommes instruits; parlez comme ils parlent; pénétrez-vous du génie de leur langue, et vous en saurez plus long que si vous appreniez tout Littré par cœur.

Evidemment, Buies a raison. Mais le beau moyen, surtout le beau voyage, qu'il recommande n'est malheureusement pas, comme on dit, à la portée de toutes les bourses; et nous ne devons cependant pas nous résoudre à parler quelque vague franco-anglo-algonquin, faute des rentes qu'il nous faudrait posséder pour aller passer trois ou quatre ans en France.

POUR CONTINUER LE "MIRACLE CANADIEN"

Si le moyen que Buies préconise était praticable, et praticable à tous nos gens, M. Maurice
Barrès, ni personne, n'aurait à s'épater du "miracle canadien." Ce miracle, nous l'avons accom-
pli sur place et nous pouvons le continuer sur
place. Pour le continuer, ce miracle canadien,
il nous suffit d'être fiers de nos origines comme de notre langue maternelle, de nous ranger
du côté de ceux qui la confessent et la défendent;
il faut ouvrir l'oreille et aussi le cœur à leurs
avis; il faut recueillir avec reconnaissance et
empressement, sinon aveuglément, le fruit de
leurs études et de leur expérience. Il faut aimer
la langue française et s'efforcer de comprendre sa
fonction, de se rendre compte que cette langue,
lorsqu'elle n'est que rudimentaire et rustique,
suffit aux rudimentaires et aux rustiques; que,
mêlée à l'anglais, elle convient encore à ceux qui
ne répugnent point à métisser leur nationalité,
que, correcte et exacte, elle procure à la pensée sa
meilleure expression et devient ainsi un instrument d'échange explicite, rapide et nécessaire à
une civilisation active et raffinée; que, pure et
claire, elle n'est plus seulement un moyen de
communication utile et qui s'impose, mais un
développement de toutes les facultés de l'âme,
si bien "que la perfection de ces facultés répond
toujours à celle du langage" (Bonnet); que,

dans sa pleine floraison, elle devient un art, art
social et art d'agrément, pouvant au besoin
suppléer à tous les autres, puisqu'elle contient de
la couleur, de la forme, du rythme et de la mé-
lodie, autant que la peinture, la sculpture et la
musique, et puisqu'un artiste de la parole est
aussi rare et aussi recherché qu'un artiste de la
palette ou du violon—que cet art de la parole
est difficultueux, certes, mais procure toute
satisfaction à qui le possède et le cultive avec
amour. *Ars severa gaudium magnum* (51).

Mais une langue pareille, est-ce donc assez de l'apprendre à la façon d'un volapük ou d'un esperanto quelconque, dont on ingurgite le vocabulaire banal, artificiel et,
par conséquent, mort-né ? Non pas. Ce qu'il faut apprendre et savoir du français, c'est sa vie, à lui qui est vivant, sa
vie intime et profonde, cette vie qui a pris naissance voilà
tantôt un millier d'années, et qui continue à palpiter
jusqu'à nos jours, cette vie dont le flambeau a été transmis
par une suite ininterrompue de génies moralistes, psycho-
logues, philosophes, tous épris d'idées générales et géné-
reuses. C'est donc dans sa littérature, dans ses chefs-
d'œuvre dont les derniers ne sont pas les moins admirables,
et rejoignent ses classiques et les classiques de l'antiquité,
c'est là qu'il est nécessaire d'étudier le français, si l'on en
veut posséder à fond l'esprit et l'âme, l'esprit clair, sensé,
fin, logique, l'âme élégante, idéaliste, large, humaine, qui
ne sont, en somme, que l'esprit lui-même et l'âme en personne de cette civilisation méditerranéenne, toujours en
perpétuelle reviviscence, toujours en ascension vers plus de
Justice, plus de Bonté, plus de Beauté, c'est-à-dire vers
plus de Lumière (RICHEPIN) (52).

Il faut lire nos auteurs canadiens, pour y
trouver des leçons de patriotisme plus que des
leçons de style. Au point de vue de la langue,
c'est Tardivel qui l'a fait remarquer, "nous

devons peu de reconnaissance à nos écrivains"
(53)—cependant que, de nos jours particulièrement, il serait juste de signaler de fort honorables
exceptions. Et pour apprécier le parfum de notre
terroir, il faut lire nos légendes et se rappeler que
leur nom vient de *legenda*, exactement "choses
qui doivent être lues." Cependant, au point de
vue de la correction de notre langue et de sa culture littéraire, il importe absolument de pratiquer les auteurs français, les auteurs classiques,
cela va de soi, mais aussi ceux du XIXe et du
XXe siècle, qui ont bonifié la matière des anciens classiques et ont parfois poussé jusqu'aux
limites du parfait l'art d'exprimer une idée, un
sentiment ou une sensation, et nous ont enfin
donné le modèle de l'achevé, du définitif (54). Il
est aussi indispensable de lire les grandes revues
et les grands journaux de France, et même le
journal à nouvelles pour y entendre la langue
française telle que généralement parlée de nos
jours . . .

Chez nos auteurs, nous pouvons et nous devons
faire le triage des vocables originaux de notre
terroir. Nos pères ont jadis apporté de France
des expressions provinciales si pittoresques, que
les meilleurs écrivains de France mettent le
soin le plus avide à les quérir aujourd'hui. Ces
expressions ne sont presque plus quérables en
France, mais elles se sont un peu conservées
chez nous et nous les rencontrons toute la jour-

née, du *petit jour* à la *brunante*. De même, nos institutions, nos coutumes et nos industries nationales, et les conditions propres à notre pays, géographiques, climatériques ou autres, ont fait naître des expressions qui resteront, quoi qu'on épure, parce que nous n'avons point trouvé d'exacts équivalents dans la langue française (55). Emile Faguet a souhaité que les étrangers qui parlent français se persuadent bien:

> Que la langue qu'ils parlent, comme toutes les langues excentriques, c'est-à-dire éloignées du centre, a toutes les chances du monde d'être excellente, parce qu'elle se compose d'archaïsmes. Tel le français de Genève et de Lausanne, tel le français du Canada. Qu'ils ne se défient donc pas trop de leurs provincialismes, de leurs "étudier pour être prêtre," etc. Qu'ils les *vérifient* seulement avec soin dans les auteurs français de la bonne époque (56).

En les vérifiant donc, ces expressions particulières à notre parler franco-canadien, nous nous rendrons compte et bien vite qu'un bon nombre doivent être sans miséricorde vouées au décri, car notre langue ne se compose pas seulement des archaïsmes que Faguet nous recommande de conserver. Il en est, certes, qui méritent le plus beau sort et toute notre dilection; il en est de beauté parfaite, d'aloi bien français et qui sont propres à enrichir une langue, cette langue fût-elle la riche langue française. Il ne s'agit donc que de les choisir. "Tu sauras dextrement choisir et approprier à ton œuvre les mots plus significatifs de notre France quand tu n'en auras pas de si bons ni si propres en ta nation" recommande Ronsard; puis encore: "Ne se faut soucier si les vocables sont gascons, poitevins, normands, manceaux, lyonnais ou d'autres pays pourvu qu'ils soient bons et que proprement ils signifient ce que tu veux dire." Pourvu qu'ils soient bons, voilà l'affaire! Et s'ils sont bons, les anciens vocables que nous vivifierons et ceux que nous fabriquerons de toutes pièces chez nous, vous verrez que la langue officielle, la langue académique les accueillera, ces canadianismes de bon aloi, que son renouveau s'enjolivera de l'appoint de ces vocables qui sont nos acquêts, et de bien d'autres termes populaires ou rustiques, en ouvrant son dictionnaire à ce que Lavedan a appelé "ces précieuses munitions de la pensée française." C'est ainsi qu'elle l'ouvrira demain au régiment de mots spontanément éclos dans la boue et la gloire des tranchées, entre les Poilus et les Boches. "Et ce jour-là, écrit l'un des Quarante, ce jour-là, nous n'irons pas plus avant. Après Boche, on lèvera la séance, en signe de fête" (57).

De nos vocables indigènes, de nos canadianismes et de nos formes dialectales, il faut, insistons-y, savoir effectuer un judicieux départ, non pas avec l'excessive sévérité de Vaugelas, mais en suivant plutôt le précepte de Fénelon: "Autoriser tout terme qui nous manque et qui a un son doux, sans danger d'équivoque, n'en perdre aucun et en acquérir de nouveaux." Ce qu'il est important de ne jamais perdre de vue, c'est que ce danger d'équivoque nous est venu, nous vient et nous viendra toujours de l'anglicisme contre quoi Tardivel nous mettait en garde, il y a déjà quarante ans: "Voilà l'ennemi!"

PRÉJUGÉS RELIGIEUX ET NATIONAUX

Quoi qu'on pense, quoi qu'on dise, quoi qu'on fasse, et quoi qu'on en ait, la bonne langue française est venue et continuera à venir de France, et non d'ailleurs. Si nous tenons à parler au Canada la langue française ou une langue franco-canadienne qui soit respectable et qui reflète nos origines, et non quelque sabir américain à quoi l'on donnera un nom spécifique, lorsque l'on saura à peu près ce que cela est ou ce que cela doit être, il faut de toute nécessité que nos classes dirigeantes au moins, que nos instituteurs sur qui pèse à peu près toute la responsabilité de rendre notre langue respectable, que tous nos hommes de lettres surtout et nos journalistes n'éprouvent aucune répugnance pour la littérature française véritable, c'est-à-dire vivante, c'est-à-dire moderne. M. l'abbé Camille Roy, professeur au séminaire de Québec et à l'université Laval, écrivain dont les ouvrages de critique témoignent assez que cet auteur sait de quoi il parle, l'a dit carrément: "Nous devons nous résigner à faire beaucoup de littérature *française* au Canada" (⁵⁸). Il faut donc ne pas être offusqué par ce buisson ardent qui est le foyer—le seul—de la langue française et d'où s'entendent les voix de France. Expliquons-nous là-dessus, et parlons clair.

On professe à bon droit chez nous que, depuis la Conquête, la langue française a été et doit être le bouclier qui, au Canada, protège le catholicisme contre les attaques du protestantisme. De même que le *Globe* de Toronto adjurait, en 1880, les Canadiens-français de renoncer à leur langue maternelle pour entrer dans le courant de la civilisation britannique, de même notre clergé et nos hommes politiques de toute couleur, c'est-à-dire la plus forte influence qui ait agi et qui agisse encore sur nos populations francophones, ont de tout temps défendu la langue française pour sauvegarder la religion. Incontestablement, le français doit d'abord son maintien, en notre pays, à cette spirituelle fonction qu'on lui a assignée et qu'il a remplie. Le clergé qui, à cet égard, représente au premier chef la population franco-canadienne, fait la langue française si inséparable du catholicisme, qu'il exclut les protestants de langue française de toutes les associations *nationales*. Reste à savoir si cet exclusivisme, qui produit naturellement de l'ilotisme et des sécessions, est plus avantageux que nuisible à l'avancement du français, comme langue, au Canada ([59]).

Des catholiques anglophones prêchent naturellement l'inverse, à savoir que le progrès du catholicisme au Canada exige son adhésion à la langue de la majorité, c'est-à-dire à la langue anglaise. Cette théorie a été définitivement formulée par l'archevêque de Westminster, en plein congrès eucharistique, à Montréal, il y a cinq ans; et nous savons comment M. Henri Bourassa, qui suivait Mgr Bourne au programme des discours, releva le gant et comment fut ainsi réduite à sa plus simple expression l'accaparante théorie anglo-catholique de l'œcuménisation de la langue anglaise ([60]).

Tant y a que la langue française reste, comme elle l'a été, le principal organe du catholicisme canadien. Le traité de Paris ayant fait repasser en France la majorité des notables qui, par leur influence ou leur fortune, auraient pu adoucir le sort de leurs compatriotes coloniaux soudainement livrés à la domination anglaise, la conquête eût tôt fait d'assimiler les vaincus sans ressources, si le clergé, abandonné comme eux, n'avait pris soin de protéger leur nationalité en défendant leur langue et leur foi. L'on ne voit guère, en effet, que, depuis 1763, la France ait eu quelque souci ni même quelque souvenance de ses colons restés au Canada. Les troubles civils qui éclatèrent en 1837 rappelèrent à la

France que nous existions (⁶¹); le règlement de
ces troubles donna lieu à un rapprochement
amical entre l'Angleterre et la France, et, le
13 juillet 1855, pour la première fois depuis 92
années, un vaisseau français parut dans les eaux
canadiennes:

> *La France nous avait laissés grandir loin d'elle,*
> *Nous léguant son nom seul avec son souvenir;*
> *Et le pauvre orphelin, à tous les deux fidèle,*
> *N'avait su, dans son cœur, qu'absoudre et que bénir*
>
> *Il avait tout gardé, ses antiques franchises,*
> *Et son culte et sa langue, et—peuple adolescent—*
> *Montrait avec orgueil ses libertés conquises,*
> *A côté de ses droits scellés avec son sang* (⁶²)

Ses antiques franchises, son culte, sa langue, ses
libertés et ses droits, le Canadien-français en
était redevable à ses prêtres, qui groupèrent la
famille autour des clochers de village, lui four-
nirent des écoles, lui indiquèrent et lui pro-
curèrent souvent les moyens de résister aux per-
sécutions des vainqueurs; il en était aussi redevable à ses premiers parlementaires sous le nouveau régime, aux Joseph Papineau, aux Panet,
aux Bédard, aux Lotbinière, aux Rocheblave et
et aux Bonne qui, en 1791, sauvèrent la langue
française de l'exécution du Parlement canadien
(⁶³), comme en 1841-42 La Fontaine, et en 1871
Cartier la sauvèrent de nouveau. Cette époque de
près d'un siècle d'abandon complet, au point de
vue français, et de gestation politique parfois
oppressive, au point de vue anglais, fut exacte-

ment celle où commença à se déterminer cet équilibre canadien qui devait demeurer "l'équilibre instable et complexe de deux races rivales, de deux religions jalouses, de deux langues différentes" ([64]).

Or, le clergé avait jugé de bonne politique d'accepter le nouveau régime, de s'y soumettre avec fidélité et de maintenir ses ouailles dans le loyalisme; et il est assez naturel que, dès cette époque, le clergé tînt rigueur à la France de son abandonnement et de sa foi-mentie, et qu'il nourrît dès lors à son endroit une aigreur et une suspicion que les événements de 1789 allaient définitivement confirmer et justifier. Cette époque fut donc aussi exactement celle où notre clergé, maître légitime de l'enseignement, puisqu'il en était le créateur, le défenseur, le sauveur même et le seul pourvoyeur, établit les méthodes et les systèmes éducationnels répondant à ses propres desseins et apaisant ses propres appréhensions politiques, convenant le plus parfaitement enfin aux destinées nouvelles qu'il voyait réservées à la race française au Canada. En tout état de cause, ces méthodes et ces systèmes produisirent la fusion définitive des différents éléments linguistiques apportés au Canada par les colons de France, et en firent la primitive langue franco-canadienne qui s'en est allée se répandant par le vaste Canada, s'améliorant ici, se pervertissant là, conservant ailleurs son caractère intact, selon les circonstances de temps ou de lieu, et de par les influences ambiantes, favorables ou défavorables.

Citons encore J.-Edmond Roy:

Replié sur lui-même, ayant encore la nostalgie du passé, l'habitant éprouvait une grande répugnance à apprendre ou à se servir de mots anglais

Pour peindre ou exprimer les choses nouvelles qu'il voyait, il cherchait dans son vocabulaire les locutions anciennes auxquelles il donnait un sens que la stricte grammaire n'admet pas, ou encore il inventait des idiotismes

On accuse beaucoup les Canadiens d'aujourd'hui de parler une langue dégénérée, d'user de locutions ou d'abréviations inconnues aux Français modernes   Mais est-ce que la nécessité n'est pas une loi qui s'applique aussi bien aux langues parlées qu'à toutes les circonstances de la vie? (65)

Et M. Emile Salone, qui possède cet avantage sur la plupart de nos historiens nationaux, qu'il a eu "directement accès au trésor des Archives de Paris":

Mais ce sont des laboureurs, rien que des laboureurs Ils se suffisent à eux-mêmes   Tandis que les Anglais installent leurs soldats, leurs fonctionnaires, leurs marchands, leurs ministres à Québec et à Montréal, ils peuvent s'isoler dans leurs paroisses, échapper, en fait, au contact de l'étranger (66).

Les efforts que notre clergé a faits et les obstacles sans nombre qu'il a surmontés à cette époque pour sauver la langue française sont relatés par tous nos historiens et annalistes, et ses mérites incontestables sont si peu contestés, si connus d'ailleurs et si reconnus, qu'il n'y a pas lieu de les redire ici autrement que pour mémoire et faire état de cette donnée de tout premier plan dans l'histoire de la langue française au Canada. Cependant, la reconnaissance très sincère de ce fait historique nous met à l'aise pour noter, d'autre part, que c'est à ces méthodes et systèmes éducationnels *à l'épreuve des idées françaises* que l'on peut, dans une certaine mesure, imputer l'état d'imperfection actuel de la langue française au Canada. En effet, notre clergé, généralement, et, d'une façon particulière, notre *bas clergé* [67]—qui, à le prendre dans son ensemble, connaît la France seulement par ce que nos journaux ultramontains, férocement francophobes et essentiellement cléricaux, s'avisent de lui en raconter [68]—ne veut, de la France, que son langage. Et pour être plus certain qu'avec le français moderne n'entreront point dans nos paroisses et dans nos collèges les idées aussi modernes dont la langue est le véhicule naturel, ce clergé estime plus prudent de s'en tenir au français du XVIIe et du XVIIIe siècle et de se convaincre volontiers que cette langue louis-quatorzienne vaut mieux que celle d'aujourd'hui, et que celle d'aujourd'hui n'est point indispensable. De sorte, par exemple, que les élèves de nos collèges classiques terminent leurs humanités et sont faits bacheliers ès lettres sans même se douter de ce qu'est la littérature française contemporaine.

Que l'on ne vienne pas dire, de grâce, que
"seule, la littérature anticléricale, libre-penseuse,
athée et pornographique est pourchassée par nos
prêtres" . . . Pour que l'on nous fasse accroire
cela, il faudrait n'avoir pas vu la liste des ouvrages importés de France et dont les douaniers québecois, entre autres, ont opéré la
saisie aux chefs d'immoralité et d'obscénité,
conformément à des instructions qui ne sont
point celles des autorités fédérales, puisque le
ministre des douanes lui-même (qui est actuellement et qui est habituellement un Canadien-
anglais protestant) doit parfois intervenir pour
modérer le beau zèle des agents québecois et
lever des saisies qu'ils ont intempestivement
opérées (69). Pour que l'on nous fasse accroire
cela, il faudrait ne pas savoir quel soin l'on met,
depuis quelques années, à éloigner de nos maisons
d'éducation les professeurs d'origine française,
ni avoir entendu les confidences de certains professeurs de littérature venus de France, des
catholiques de la plus belle eau et même des
ecclésiastiques, qui s'en retournent dégoûtés
de ce qu'on ne leur permet point, au Canada,
d'enseigner la littérature moderne—en sorte que
les étudiants anglais de nos universités protes-
tantes ont cet avantage de suivre un cours
véritable de littérature française, par pur luxe,
tandis que les étudiants français des universités
catholiques, nos étudiants pour qui pareil cours

serait un enseignement de première nécessité, n'ont point cet avantage. Pour que l'on nous fasse accroire cela, il faudrait avoir pu trouver, dans une bibliothèque qui n'est pas une bibliothèque de référence ou scolaire, mais une bibliothèque générale et publique, le *Nouveau Larousse illustré*, qui ne se trouve point dans cette bibliothèque générale et publique, parce que ses administrateurs canadiens-français et catholiques ont cru devoir rivaliser de cant avec les plus puritains de nos compatriotes, en excluant ce dictionnaire universel encyclopédique, indispensable sans doute, mais qui reproduit malheureusement des chefs-d'œuvre de la peinture et de la sculpture, et que ces chefs-d'œuvre comportent parfois du nu.... "Couvrez ce sein que je ne saurais voir" (*Tartufe*, III, 2). Pour que l'on nous fasse accroire cela, il faudrait ne pas avoir admiré le joli coup d'arrière-rencontre qui blousa définitivement la bille lettrée de M. Carnegie, dans la partie de billard-carambolette qui se joua sur le drap coulant du conseil municipal de Montréal, en 1903-04, afin de célébrer l'offre, que cet éducateur milliardaire faisait à la métropole du Canada, d'une bibliothèque publique . . . pour les adultes. Pour que l'on nous fasse accroire cela, il faudrait que M. l'abbé Camille Roy n'eût pas écrit ceci dans sa *Naturalisation de notre littérature:*

De cette indigence ["notre littérature pédagogique—je ne parle, pour le moment, que de celle de notre enseignement secondaire—est fort pauvre"], de cette pénurie, de cette incapacité où nous avons été jusqu'ici de faire quelques-uns des livres classiques dont nous avons besoin, je ne veux pas ce soir examiner les causes Qu'il me soit seulement permis de dire que plus vite on pourra faire à nos professeurs de collèges et de petits séminaires, en particulier aux professeurs des classes de lettres, des conditions d'existence qui leur laissent quelque loisir pour le travail personnel; que plus vite surtout on comprendra qu'une initiation à ce travail personnel est indispensable, et que des études préparatoires spéciales, loin d'être une affaire de luxe, leur sont absolument nécessaires; que plus vite on se décidera donc à les faire bénéficier, en France ou ailleurs, des avantages de l'enseignement supérieur des lettres; que plus vite, en un mot, on se préoccupera de *bâtir en hommes*, et plus vite aussi on augmentera, avec la valeur et le prestige de notre corps enseignant, les chances de voir se multiplier parmi nous des auteurs qui fassent au moins des manuels Et peut-être aussi, et par surcroît, mettrons-nous fin à ce spectacle anormal d'une littérature canadienne qui se développe, c'est-à-dire qui recrute ses ouvriers actifs, surtout à côté et en dehors de nos maisons d'éducation (70).

Enfin et en un mot, pour que l'on nous fasse accroire cela, il faudrait ne rien connaître de ce qui s'enseigne dans nos collèges (71).

L'auteur de cette étude rapportera le fait suivant, si le lecteur veut bien l'autoriser à se mettre un instant en cause, à titre de témoin facilement corroborable:

Au collège des jésuites de Montréal, dont j'ai suivi le cours classique complet, on ne nous enseignait à peu près rien des auteurs contemporains; et l'on voudra bien ne me point chicaner si je place, sans le surfaire, parmi les auteurs contemporains indispensables à l'enseignement littéraire et même philologique, Victor Hugo, ce rénovateur énergique de la langue du XVIIe et du XVIIIe siècle, ce vigoureux émondeur qui secoua le vieil arbre de la littérature française, le débarrassa de tout le mort-bois et de toutes les feuilles sèches qui étouffaient ses bourgeons en pousse, et fit passer dans sa ramure l'air et l'azur d'un renouveau qui lui donna toute sa fraîcheur, toute sa robustesse, toute sa clarté, tout son éclat moderne. Or, des romans sociaux, descriptifs et historiques de ce chef-d'œuvrier, de ses drames qui reconstruisirent les bases du théâtre, de ses œuvres de morale et d'esthétique, pas une ligne, pas un mot. De toute son œuvre poétique (72), aussi féconde qu'éblouissante, un petit volume, "*Pour les enfants*," qui n'est pas de Victor Hugo, mais d'un quelconque frère ignorantin qui a osé opérer, dans cette œuvre poétique de génie, une quelconque glane devant à son gré rassasier des cerveaux d'enfants, un choix de tout repos et qu'il a effectivement intitulé: *Pour les enfants. . .* Est-ce que ce titre n'est pas un symbole, et ne suffit-il pas à nous donner la clef de la situation ? Pour les enfants! L'élève n'est pas enseigné à discerner, à exercer sa critique, son goût, son jugement, son libre-arbitre, même sa conscience; on lui prépare une bouillie et il ne doit pas sucer autre chose. De même, en philosophie, il doit se satisfaire d'un triple extrait de la Somme de saint

Thomas, avec, comme accessoires, quelques thèses agréables aux scholastiques ou facilement réfutées par eux. Mais sur ce qu'ont professé les grands philosophes, depuis Socrate et même avant lui, jusqu'à Taine et Renan, pour ne pas venir jusqu'à MM. Boutroux et Bergson; sur ce qu'a été la pensée universelle depuis que l'intelligence humaine a formulé ses conceptions de la sagesse et de la vérité, sur ce qu'ont été les déviations, les chutes, les reprises, les essors et l'évolution de cette pensée humaine, aucune initiation, pas le moindre aperçu, pas un mot. Inutile et trop dangereux! *Safety first!* O jours sept et septante-sept fois sereins de l'*Alma mater!* L'élève reçoit tout son bagage philosophique *in a nut-shell*, dans une coque de noix thomique: ça ne l'encombre point, et, pour faire son petit bonhomme de chemin et vivre sa petite bonne femme d'existence, ça le leste de tout, hormis de sens pratique et de connaissances humaines. Il a cultivé le grec jusque dans ses racines, il s'est nourri de latin jusque dans ses délicatesses. Il ne connaît pas suffisamment encore sa langue maternelle pour rédiger de légère main une lettre que des connaisseurs puissent lire sans sourire un peu, ni l'anglais suffisamment pour se mettre en rapports avec ses compatriotes qui s'occupent plus spécialement de *business*; mais il acquerra cela tout seul, puisque—hormis d'or, d'argent et de billon—il

est *foncé* de toutes les richesses. Le juste superflu! s'écriait Murger qui prenait ainsi la vie en
artiste, en bohème. Le nécessaire viendra par
surcroît. Il n'y a rien là que de très gentil et de
très mignon: un vrai déjeuner de soleil . . . . .
Pour les enfants!

Lorsque, malgré cette formation *ad usum
Delphinorum*, cette scolarité qui puérilise à
jamais les pensées et les sentiments, l'on réussit
à devenir presque des hommes, n'a-t-on pas
raison d'en rire, mais à la façon de Figaro,
puisqu'on en pleure aussi? Car il paraît que
c'est la seule alimentation qui nous convienne.
En effet, certains esprits éclairés et avertis,
patriotes et aimant sincèrement la langue française, ne laissent pas de prétendre, d'expliquer
et de croire, ainsi que l'un d'eux me l'a for-
mellement soutenu, "que le système d'éducation que le clergé nous a donné convenait et
convient encore au tempérament de notre
race, et qu'à la faveur de nul autre procédé
notre hérédité ne se serait sentie plus à l'aise,
notre pensée ne se serait développée plus librement, notre parler ne se serait formé mieux.
C'est cela qui nous a gardés et sauvés, à travers
les difficultés sans nombre, et c'est cela qu'il faut
garder sous peine de nous renier nous-mêmes et
de forfaire à l'honneur". . . . Cet argument
comporte qu'en se jetant tout à fait dans le
courant français, en tenant la France pour

sa patrie spirituelle ou littéraire ou seulement linguistique, en lui conservant à cet égard un culte intégral, l'esprit canadien se dégagerait trop du lien catholique, force de sa résistance contre le protestantisme anglaisant.

Le dilemme ne manque pas de solidité; néanmoins, il ne laisse pas d'être inquiétant pour la langue française que nous voulons cependant conserver chez nous.   M. André Siegfried s'en est rendu compte et l'a même scrupuleusement noté dans son étude sur le Canada:

Ou bien les Canadiens français resteront étroitement catholiques, et alors ils auront, dans leur isolement un peu archaïque, quelque peine à suivre la rapide évolution du Nouveau Monde, ou bien, ils laisseront se détendre les liens qui les unissent à l'Eglise, et alors, privés de la cohésion merveilleuse qu'elle leur donne, plus accessibles aux pressions étrangères, ils verront peut-être de graves fissures se produire dans le bloc séculaire de leur unité (73)

Si donc il est jugé prudent ou nécessaire de nous tenir à respectueuse distance de la France moderne, afin de conserver intégralement la cohésion spirituelle et la sujétion catholique qui sont la condition *sine qua non* de notre survivance française au Canada, n'est-il pas probable que cet éloignement et surtout cette séparation rende difficile l'évolution du parler franco-canadien et empêche ce parler d'évoluer de conserve avec la langue de France?

LA LANGUE FRANÇAISE MODERNE

Car la langue et les mots ont une vie propre;
ils évoluent, se transforment sans cesse, et
conservent les meilleurs éléments des formations
antérieures, en s'épurant et en s'assimilant des
éléments nouveaux [74]. Les grammaires nous
enseignent les transformations successives de
la langue française, et les bons manuels donnent même des morceaux choisis d'auteurs
anciens à traduire en français moderne [75].
Pour ne compter que du XVIe siècle, Marot,
Rabelais, Calvin, Ronsard, Montaigne, François de Sales et Bérulle, Théophile de Viaud,
Malherbe, Vaugelas et Bouhours, Descartes et
Pascal, l'hôtel de Rambouillet, Molière, Ménage,
La Bruyère, La Fontaine, Corneille et Racine,
Mme de Sévigné, Bossuet, Boileau, Fénelon,
Le Sage, Fontenelle, Montesquieu, Marivaux,
l'abbé Prévost, Voltaire, Rousseau, Diderot,
Restif de la Bretonne, Chateaubriand, Lamen-
nais, Musset, Lamartine, Victor Hugo, Flaubert,
les Goncourt, Péguy, Anatole France et Rostand
marquent seulement quelques-unes des étapes
franchies par la langue française au cours des
quatre siècles derniers.

Ecoutons Anatole France, par exemple:

Je songeais que les métaphysiciens, quand ils se font un
langage, ressemblent à des remouleurs qui passeraient, au
lieu de couteaux et de ciseaux, des médailles et des monnaies à la meule, pour en effacer l'exergue, le millésime et

l'effigie. Quand ils ont tant fait qu'on ne voit plus sur leurs pièces de cent sous ni Victoria, ni Guillaume, ni la République, ils disent: "Ces pièces n'ont rien d'anglais, ni d'allemand, ni de français; nous les avons tirées hors du temps et de l'espace; elles ne valent plus cinq francs: elles sont d'un prix inestimable, et leur cours est étendu infiniment" Ils ont raison de parler ainsi Par cette industrie de gagne-petit les mots sont mis du physique au métaphysique. On voit d'abord ce qu'ils y perdent; on ne voit pas tout de suite ce qu'ils y gagnent. (76)

N'est-ce pas cela même?

Par une industrie de pense-petit, sinon de gagne-petit, notre langage est mis du physique au métaphysique, du vital au léthifère. Les mots sont des êtres animés, et le langage un corps vivant; le système de Stahl s'applique conséquemment à la langue: la vie est la conservation de ce mélange corruptible dont se compose le corps; l'instrument nécessaire à cette conservation, c'est le mouvement. La méconnaissance de cet animisme du verbe n'empêche pas notre parler de suffire encore au culte métachronique et populaire, peut-être; mais qu'elle favorise la formation d'un parler, non pas littéraire, mais seulement vivant et florissant ou qui s'achemine à le devenir, c'est moins probable. Cependant, son cours, à ce parler tardigrade, est étendu infiniment, comme celui de ces monnaies qui n'ont plus ni exergue, ni millésime, ni effigie, qui sont donc démonétisées et, en acquérant un prix de relique chez les antiquaires, se dédommagent et s'accommodent d'avoir perdu toute valeur courante dans tous les pays de la terre.

C'est tout de même aussi que le vieux français peut être tenu, sinon absolument pour une langue morte, comme l'ont cependant jugé des auteurs qui passaient pour s'y connaître, du moins pour une langue primeraine et caduque. Les Hellènes ou les Romains n'entendent goutte au grec de Démosthène ou au latin de Cicéron, pas plus que nous comprenons généralement le français du moyen âge. Toutes les langues ne vivent donc qu'en se transformant et, pour parler bien, il est aussi nécessaire de suivre l'évolution de sa propre langue et s'inspirer du souffle qui la ranime constamment, qu'il est dangereux de s'arrêter à l'une de ses formes périmées qui deviennent de plus en plus différentes et même étrangères aux formes nouvelles et surtout à la forme actuelle qu'elle a acquise dans son évolution.

Les plus prestigieux de nos orateurs et de nos écrivains catholiques, dans le religieux comme dans le laïque, tous ceux d'entre eux qui font œuvre féconde pour le maintien et le relèvement de la langue française, organe du catholicisme, et qui peuvent aussi prêcher d'exemple, doivent leur mérite et leur prestige aux études qu'ils ont pu faire en France, dans la France moderne, ou tout au moins à leurs études de la littérature française moderne. A telles enseignes que l'évêque d'Orléans, qui s'y connaît en orateurs, a pu adresser ce compliment à ceux des nôtres qu'il entendit à Québec: "Voix très françaises tout cela, Monseigneur; voix qui vous ont parlé, auxquelles vous avez prêté l'oreille, si bien qu'en nous inclinant devant vos qualités, nous avons ce demi-orgueil de nous incliner devant quelque chose de chez nous" (77).

Cela est fort bien pour les princes, pour l'aristocratie; mais nos élèves, nos étudiants, nos dirigeants de demain, sinon tout le troupeau, doivent-ils s'accommoder du français imprimé d'il y a deux ou trois siècles, de cette langue qui, prenons-y garde, fut réellement l'organe de la pensée gallicane?   A preuve que M. A.-M. Elliott, dans l'étude qu'il consacrait, en 1884, à notre langue, notait déjà et publiait que nous sommes "complètement séparés, par la pensée et par les sentiments, de la France moderne" (78).

Et vingt ans après M. Elliott, l'abbé Félix Klein écrivait de même:

Ayons le courage de le dire comme nous l'avons vu de nos yeux et entendu de nos oreilles: les Canadiens s'étonnent, s'indignent, se détachent de nous . . .   Plaise à Dieu que ces sentiments d'amertume disparaissent bientôt, eux et la cause d'où ils proviennent; mais, s'ils duraient de trop longues années, c'en serait fini de l'amour des Canadiens pour le *vieux pays* (79).

Or, instituer de nos jours ce que de son temps Victor Hugo appelait des "douaniers de la pensée," imposer une langue ancienne ou caduque à un peuple nouveau, ou "cristalliser dans le respect d'une forme consacrée" la langue d'un peuple en croissance et qui prétend non seulement survivre, mais vivre, n'est-ce pas tenter un phénomène qui ne se sera pas encore vu, que je sache, dans l'histoire de l'humanité et qui, au demeurant, ne paraît guère réalisable, parce que contre nature?

Toute langue est dans une perpétuelle évolution. A quelque moment que ce soit de son existence, elle est dans un état d'équilibre plus ou moins durable, entre deux forces opposées qui tendent: l'une, la force conservatrice, à la maintenir dans son état actuel; l'autre, la force révolutionnaire, à la pousser dans de nouvelles directions ... Qu'arrivera-t-il si l'une des deux forces est seule à agir, tenant l'autre en respect et l'annulant? Quand la force révolutionnaire, néologique, reste inerte et que la langue s'immobilise, il y a péril pour celle-ci. Assurément des peuples dont la civilisation est sans changement et sans histoire peuvent garder indéfiniment leur langue intacte; la pensée ne changeant pas, l'expression de la pensée n'a pas à changer ([80]). Mais quand un faux respect de la tradition interdit au langage de suivre le cours des idées et qu'il y'a contradiction entre la pensée de la nation et la forme qu'il lui fait revêtir, la langue peut s'épuiser et périr. Nous en avons un exemple illustre dans le latin classique, le latin des écrivains et de la haute société romaine, qui se refusa à suivre le latin populaire dans le libre jeu de son développement, se cristallisa dans le respect d'une forme consacrée, et vers la fin de l'empire périt d'épuisement, laissant la place à cet idiome populaire si plein de force et de vie qu'une famille nombreuse de langues et plus nombreuse encore de dialectes sortit de son sein, toute prête à conquérir pour son compte l'empire que l'autre abandonnait (DARMESTETER, *La vie des mots*).

"Si nos beaux cousins du Canada mêlent, aux sentiments affectueux qu'ils nous gardent, une nuance de dédain pour nos agitations politiques, nous n'allons pas nous en offenser," écrivait M. Maurice Barrès en s'émerveillant du "miracle canadien." Cette *nuance de dédain* est certaine-

ment légitime et elle peut nous empêcher d'admirer la France comme Montaigne aimait
Paris "jusques à ses verrues et ses taches." Mais
ce qui est moins admissible, c'est que l'on veuille
foncer cette nuance jusqu'au noir opaque; c'est
que l'on s'efforce d'intercepter toutes relations
intellectuelles et que l'on élève, entre la France
qui n'est plus la Vieille-France et le Canada qui
n'est plus la Nouvelle-France, non seulement
"une digue intellectuelle qui filtre le flot pour en
recueillir la pureté" (Lamy), mais une barricade
de préjugés sur quoi doit s'amortir et s'éteindre
la lumière de France, cette lumière dont on veut
à toute force n'apercevoir que le brandon révolutionnaire ([81]); c'est enfin que, si nous devons
nous clôturer et nous embastiller chez nous afin
de préserver plus sûrement notre caractère distinctif, nous allions exagérer cet isolement jusqu'à rompre nos communications avec la source
même de notre propre parler.

Cette prévention religieuse accuse la France
d'avoir été le berceau de la libre-pensée, de la
franc-maçonnerie et de l'anticléricalisme—ce
qui est historiquement faux ([82]). On en veut
surtout, depuis ces dernières années, au gouvernement discordataire de la République française,
et un certain nombre de prêtres de notre bas
clergé (qui compte d'honorables exceptions,
empressons-nous de le proclamer) couvrent la
France tout entière de l'aversion qu'ils ont

vouée à ses récents ministères. Or, il est facile de constater, ou tout au moins de s'imaginer les résultats que produit, chez notre populaire crédule et soumis, la profession de ces sentiments francophobes; car on les professe comme on les ressent, c'est-à-dire avec toute l'ardeur dont on est capable (83).   Il faut donc montrer moins d'étonnement que de regret de voir nos populations, françaises de nom, de tempérament et de sang, devenir de plus en plus sourdes aux voix de France. Ces résultats furent assez largement constatés, et ces regrets furent assez profondément éprouvés par les zélateurs du Comité France-Amérique, entre autres, qui entendirent combien de Canadiens-français répondre à nos appels de secours, non pas pour le gouvernement Combes, Briand ou Viviani, mais pour les femmes et les enfants des soldats français à leur poste dans les tranchées: "Que devons-nous à la France?" ... Crémazie et Garneau sont heureusement morts sans soupçonner que pareille question pût venir à des lèvres canadiennes-françaises!

OUVRONS L'ŒIL, MAIS LE BON !

Sans doute, la politique combiste a-t-elle fourni un joli prétexte à l'hostilité de nos catholiques indisposés contre la France. Cependant, pour ne pas complètement passer pour des jocrisses et des jean-jean, il serait sage de prendre vue d'une situation qu'il plaise au ciel qu'un historien canadien sache exposer avant qu'il soit trop tard: c'est à savoir que, si la guerre date de 1914, et si la dernière séparation de l'Eglise et de l'Etat en France date de 1905-06, l'*avant-guerre*, c'est-à-dire les préparatifs clandestins de l'Allemagne, date de plus loin et même *d'un peu plus loin* que s'est fait remarquer la virulence particulière et populaire de notre esprit antifrançais qui semble en train de nous dévoyer de notre destinée propre. Depuis le début des hostilités européennes, nous apercevons à ciel ouvert les effets de la puissance austro-boche aux Etats-Unis. Cette puissance austro-boche s'accommode du catholicisme et l'exploite si adroitement, qu'un journal clérical comme la *Croix* de Montréal, au moment le plus critique de la guerre, publie sans la moindre pudeur ses sympathies pour l'Autriche et pour l'Allemagne, et tout ensemble ses antipathies pour l'Angleterre et ses alliés. Voulant à tout prix arriver à ses fins et compromettre, abaisser, avilir et donc ruiner et écraser le prestige français et anglais de par le monde, la Bocherie n'a point négligé d'utiliser l'ardeur catholique, chez tous les peuples que meuvent les préjugés religieux, chez les Canadiens aussi bien que chez les Irlandais, les Espagnols, les Portugais, les Syriens, les Flamands, les Argentins, les Mexicains et les autres (84); elle a trouvé tout profit à la collaboration inconsciente de ces forces populaires qui, pour peu qu'on les y pousse, abominent volontiers le nom français. A y regarder d'un peu près, la propagande religieuse qui se fait depuis quelques années au Canada par des journaux spéciaux et par des associations de toutes sortes, sous couleur de répandre la ferveur catholique, sape avec persistance l'esprit français, voire l'esprit anglais, sacrifie tout à la religiosité: traditions d'origine, patriotisme, devoirs même—**et ce faisant épanouit un sentiment nouveau qui fait en tous points l'affaire d'une diplomatie commise à la mission particulière de germaniser l'univers** *per fas et nefas,* **au nom de Dieu ou au nom du diable.**

Les manifestations à quoi nous font assister certains prêtres qui ridiculisent "mémère l'empire" et agonisent "la France dégénérée"; les meneurs politiques qui enseignent que nous ne devons rien à l'Angleterre; une jeunesse faussement instruite de ses obligations civiques et qui se croit permis de huer nos soldats partant pour le champ d'honneur et de déchirer les affiches de recrutement; des apôtres de la langue française qui, pour leur part, laissent cette langue retourner en friche; des associations soi-disant nationales de jeunes gens que la passion religieuse aveugle; des catholiques de toute dignité et de toute influence qui n'auront ni repos ni cesse que la langue française au Canada, malvoulue d'abord, n'ait ensuite été réduite à la portion congrue; enfin tous les sévices que le parler français et l'esprit britannique subissent de nos jours, ne se produisent point en exécution de service commandé. Mais ces manifestations résulteraient d'un pareil commandement que, en simple franchise, il n'en irait pas autrement. Et, de toutes façons, Bernstoff peut se détirer d'aise, dans son fauteuil, et se dire que, décidément, ça ne va pas mal, au Canada—pour le roi de Prusse.

Voici un petit triptyque de citations recueillies dans un même semestre de l'avant-guerre, qui irait bien sur le petit autel de notre patriotisme:

De la *Patrie* (Montréal), 22 août 1907:

> Déjà des capitaux français et belges en nombre considérable ont pris le chemin des Etats-Unis et ont été investis dans les grandes entreprises financières. Mais pourquoi ne réussirait-on pas à amener chez nous, au Canada, une bonne part de ces inépuisables capitaux français ou belges?

Du *Canada* (Montréal), 15 octobre 1907:

> Un confrère publie ce qui suit: "Sait-on que le capital "allemand est devenu un facteur de prospérité au Canada? "C'est dans les Montagnes Rocheuses qu'il se porte de "préférence, et le plus beau de l'affaire, c'est que ce "capital allemand provient de la fortune particulière de "Guillaume .... Les colons allemands ont toujours été "les bienvenus au Canada. Les capitaux allemands ne le "seront pas moins."

De la *Presse* (Montréal), 21 décembre 1907:

Les affaires suivent le pavillon, a dit un célèbre homme
d'Etat anglais les capitaux, eux, n'émigrent guère que
chez les peuples sympathiques Si la France a prêté des
milliards à la Russie, c'est qu'elle est la nation amie et
alliée, et qu'en dehors de cette alliance des gouvernements,
il existe une grande sympathie entre les deux peuples

Le Français qui lit dans nos journaux que sa présence
au Canada n'est pas désirable matériellement ou morale-
ment, fait plus qu'hésiter d'y envoyer ses capitaux; et nous
avons vu une lettre d'un des grands financiers parisiens,
d'un des hommes qui président aux destinées d'un groupement considérable de capitaux, dans laquelle il disait:
"L'affaire que vous proposez paraît excellente; mais
"comment voulez-vous que j'entraîne mon groupe vers un
"pays dont la presse nous fait entendre d'une manière
"très significative qu'elle désire notre argent mais non
"notre présence?"

"QUE DEVONS-NOUS A LA FRANCE?"

Cette prévention religieuse, quelle qu'en soit
la source, est forte aussi de l'alliance d'une quantité notable de nos hommes politiques, disons
plus exactement de politiciens que les questions matérielles préoccupent plus que notre
développement intellectuel; elle jouit encore de
la courte-vue des satisfaits qui se sont convaincus
que notre pays n'a rien à ambitionner à aucun
autre. La placidité confortable de ces Canadiens
jusqu'au trognon se trouble et leurs nerfs s'aga-
cent d'entendre incessamment proclamer la
supériorité du génie français; aussi ne manquent-
ils point l'occasion de lui témoigner leur dédain,
pour se dédommager et se calmer, et de commu-

niquer ce beau dédain aux populations mal averties contre la déclaration d'hommes aussi contents de leur ventripotence et de leur sort. C'est l'ostracisme dont Aristide-le-Juste fut accablé, et c'est ce beau dédain qui fait dire à plusieurs: "Que devons-nous à la France?"

Il y aurait un chapitre intéressant à écrire sur les raisons pour lesquelles la France a abandonné le Canada en 1763, et un autre pour comparer ces raisons avec celles qui lui ont fait abandonner la Louisiane, par exemple, ou l'Alsace-Lorraine.

M. Emile Salone écrit sur ce sujet:

On est naturellement porté à juger sévèrement la conduite de ceux qui avaient le devoir de secourir la colonie et qui l'ont abandonnée. L'excuse de la compagnie des Cent Associés, c'est qu'elle est ruinée. . . Mais que penser de l'abandon du roi! Quand le père Le Jeune écrit à Louis XIV que la bonté de sa mère "a empesché jusques à présent la ruine entière de la Nouvelle-France," il est manifeste qu'il met beaucoup de complaisance à apprécier la valeur des secours que la régente a envoyés . . . Il est évident qu'il y a chez Mazarin un parti pris de ne point attacher d'importance à ce qui se passe en dehors de l'Europe. Si Richelieu n'a pu accorder à la colonie qu'un court instant d'attention, on peut dire que son successeur a voulu tout ignorer de la grande œuvre politique et religieuse qui s'accomplit sur les bords du Saint-Laurent, avec une telle dépense d'héroïsme.

Il y a pourtant, à la décharge du gouvernement métropolitain, des circonstances qui sont extrêmement atténuantes: ce sont ces seize années de guerre étrangère que la guerre civile vient aggraver. Rapprochons quelques faits et quelques dates. En 1642 et 1643, au moment où les Cinq Nations se décident à prendre l'offensive, c'est Richelieu et Louis XIII qui, coup sur coup, disparaissent de la scène et laissent le pouvoir à un enfant en bas âge, et à une femme sans énergie comme sans expérience De 1650 à 1653, au plus fort de la terreur iroquoise, lorsque l'héroïque Maisonneuve avoue à madame de Bullion qu'il va renoncer à la lutte, qu'il est au bout de son espérance, c'est l'union des deux Frondes, l'exil de Mazarin et, à l'appel de Condé, la moitié du royaume se levant contre l'autorité royale   Tout en ne cessant pas de le déplorer, on s'explique que, dans une crise d'une telle violence et d'une telle durée, la métropole ait oublié la colonie.

Le Canada a encore contre lui, et cela est grave, les partisans d'une politique exclusivement européenne. La colonie n'est-elle pas destinée, en temps de guerre, à tomber entre les mains des Anglais, maîtres de la mer ? Pour la ravoir à la paix, ne faudra-t-il pas rendre ce qu'on aura conquis sur la Meuse, le Rhin, les Alpes ? La Nouvelle-France devient un perpétuel obstacle à l'agrandissement de l'ancienne.   Ajoutez qu'il surgit déjà des prophètes, qui voient juste, du reste, dans l'avenir des Amériques, pour annoncer, à plus ou moins brève échéance, le schisme de la colonie, et sur les bords du Saint-Laurent, la création de quelque royaume ou de quelque république (85).

Quoi qu'il en soit, la France nous a abandonnés, la chose est claire; et, depuis, la France officielle n'a rien fait pour le Canada. Ceux qui connaissent les principes de la diplomatie française savent que sa discrétion, c'est-à-dire sa réserve et sa prudence, est une règle que d'aucuns jugent excessive et qui lui fait perdre quelquefois la partie engagée avec de plus audacieux ou de moins scrupuleux. C'est, si vous voulez, un défaut du caractère français, un défaut résultant de son penchant à ne jamais déserter les régions de l'idéal et résultant aussi de son état d'extrême civilisation; c'est un défaut comme sont des défauts sa minutie en toutes choses, son inaptitude aux risques du commerce, son hésitation à accaparer et sa négligence à saisir le profit

d'une situation, de même que l'outré désintéressement de ses penseurs, dans la science et
dans les arts, et leur apostolomanie un peu
naïve. Nous aurons beau faire, nous ne dénon-
cerons jamais aussi violemment ces défauts que
les Français les ont eux-mêmes dénoncés,
parfois trop tard, lorsqu'ils se rendirent compte,
notamment, du détrônement de leur influence
par la pénétration allemande dans le Levant ([86]).
Pourtant, ce que la France a fait pour nous,
n'est-ce pas ce qu'elle a fait pour l'humanité
tout entière ?   N'est-ce pas ce qu'elle a fait
pour la religion, en répandant ses missionnaires
dans les pays les plus sombres et les plus sauvages ([87]) ?   N'est-ce pas ce qu'elle a fait pour
la pensée humaine, en la faisant jaillir, en la
diffusant non seulement *urbi*, mais *orbi*, par ses
savants, ses philosophes, ses écrivains, ses artistes, ses prédicateurs, ses conférenciers, ses
délégués de toutes catégories et ses livres, en
mettant à la disposition du monde entier l'esprit
français (qu'il ne faut pas confondre avec l'esprit parisien, ni surtout avec l'esprit du boule-
vard), l'esprit français dont profite qui veut en
profiter ?   Et n'est-ce pas ce qu'elle vient de
faire dans la guerre contre la barbarie ? Dès que
la guerre éclata, l'âme française aussi éclata,
n'est-il pas vrai, dans toute sa beauté, comme
éclate un bouton de rose de France; et dans toute
sa force et toute sa précision, comme explose, à

hauteur voulue et à distance marquée, un obus
de 75. Et depuis, comme une fusée éclairante,
nous avons vu se déployer le génie français, qui
absorbe et résume toute la puissance et toute la
vertu françaises. Ce que la France a fait pour
elle, dans cette guerre, elle l'a fait aussi pour
l'humanité, et elle l'a fait pour nous, si nous
nous comptons de l'humanité. Et que fera-t-elle
encore pour nous ? Elle nous donnera la fierté
d'être de la victoire . . .

Un esprit bien français, qui peut bien être
celui d'Edouard Monpetit, me souffle à l'oreille:

—Et si cela n'est pas assez, si cela n'est pas
spécialement fait pour nous, Franco-canadiens,
rappelons-nous donc qu'elle nous a donné notre
sang, notre âme, notre langue, et enfin, nom
d'une pipe, la seule chose dont nous soyons
orgueilleux: nous-mêmes!

Oui, elle nous a donné notre langue; et, à
supposer que la France n'ait rien fait pour nous
et que nous ne lui devions rien, nous nous devons
à nous-mêmes, quand ce ne serait que par égoïsme
et par calcul, de nous tenir dans sa lumière, pour
vivre la vie que nos pères nous ont transmise,
comme nous avons besoin des voix de France
pour nous apprendre à garder la langue française
au Canada. Enfin, allons jusqu'au bout de notre
pensée et de la vérité, et rendons-nous compte
que la question n'est plus de savoir si nous sommes ou si nous ne sommes pas endettés envers la

France. Nos sentiments affectueux, certainement flatteurs en leur manifestation, s'ils se
retirent ou s'étiolent, gêneront davantage notre
développement intellectuel qu'ils n'amoindri-
ront l'éclat de la gloire française. Au demeurant, la France ne nous réclame rien, pas même
de la gratitude. De tout temps son rôle s'est
borné à donner:

> *Tant plus on foule aux pieds la fleur*
> *Du safran, plus est fleurissante;*
> *Ainsi de France, la grandeur,*
> *Plus on la foule et plus augmente* (88).

Enfin, puisque nous sommes en frais d'établir
le bilan des influences ultra-nationalistes qui ont
érigé cette barricade, ajoutons les dénonciations,
fort plausibles à la vérité, que certains de nos
historiens ont cru devoir faire des outrances
commises à notre endroit par des écrivains
français jouissant d'autorité et possédant un
savoir qui aurait dû leur dicter des observations
plus justes. M. Benjamin Sulte a publié, en
1873, une brochure qui nous met à même, dit
l'auteur, "de juger des erreurs profondes qui se
sont répandues à notre sujet et qui paraissent
l'emporter sur des informations plus exactes que
l'on trouve semées, ça et là, dans quelques livres
européens où il est question du Canada" (89).

L'on pourrait composer une nouvelle brochure
avec les "erreurs profondes" qui ont été commises, en France seulement, depuis 1873, par des

écrivains réputés avertis ([90]). Il serait aisé, d'autre part, de remplir non plus une brochure, mais plusieurs volumes et tomes des attestations moins fantaisistes et plus obligeantes, voire très sympathiques et presque fraternelles que bon nombre d'écrivains de France nous ont décernées... Mais c'est à l'école qu'un *bene* efface une série de mauvaises notes et non dans la communauté humaine où les méfaits pèsent toujours plus que les bienfaits dans la balance boiteuse des sentiments, où les mieux-faisants perdent souvent tout leur mérite au contact des préjugés!

Ajoutons enfin tous ceux d'entre nous qui gardent la rancœur d'avoir été pipés ou bernés par des chevaliers d'industrie soi-disant français ou l'étant en réalité de nom, mais qui se tiennent prudemment à l'écart de nos colonies françaises reconnues et respectées aussi bien que de notre police, qui galvaudent leur nationalité, et ne représentent pas plus l'âme française que certains Canadiens errants ne représentent l'âme canadienne en France ou dans les autres pays où ils se rencontrent, c'est-à-dire partout. Mais cependant qu'un fripon ne doit pas être considéré comme un ambassadeur, nous en voulons à la France de nous être laissé emberlificoter au ramage d'un oiseau de passage —comme on reproche à l'avril la ruine d'un coquet chapeau prématurément exhibé au signal

du premier passereau, cependant qu'une hiron
delle ne fait pas le printemps ([91]).

L'on ne sait pas suffisamment, non plus, que la
France est le pays où le catholicisme se pratique cordialement autant que par conviction et
non par calcul ou hypocrisie, par principe et non
par frayeur du qu'en-dira-t-on; où pasteurs et
ouailles s'aiment les uns les autres et professent
la charité chrétienne avec le culte qui l'enseigne,
et respectent assez la religion pour ne la point
mêler à toutes sauces, ou en faire un outil
servant à des besognes qui ne sont pas toujours
pies ([92]).

"LA FRANCE DOIT ÊTRE CHÂTIÉE"

Ils sont multiples, comme on le voit, et
diversement valables ou vains les motifs de
cette francophobie qui, chez nos compatriotes
d'origine anglaise, est raciale et assez naturelle,
mais qui, chez nous, Canadiens-français, est
contre nature et le triste produit de préjugés
haineux. L'on ne veut pas entendre que la France, aujourd'hui, est la patrie de toutes les libertés
soumises au droit commun, le foyer de l'épar-
gne et de toutes les vertus domestiques, non pas
des "vertus de troupeau" dont parle Nietzsche,
mais des vertus individuelles et familiales, des
vertus qui font le civisme; que la France est la
terre de l'effort et du travail, des plus purs

idéals, du progrès intellectuel dans toutes ses
sphères, le pays des arts et des sciences (93), de
la science militaire particulièrement et, lorsqu'il
lui faut prendre les armes, de l'héroïsme aussi,
de l'héroïsme qui fait des miracles (94).   Il est
facultatif d'admirer ou de détester les institutions de la France, et l'on peut aussi librement
méconnaître et même répudier son génie, sa
politique, sa diplomatie, voire sa cuisine, voire
ses arts, son humanitarisme, et préférer le génie
anglais, la politique yankee, la diplomatie
grecque, la cuisine russe, les arts chinois et
la kulture boche.   Mais, avant de traiter la
France, la France tout entière, comme un pays
sectaire et antireligieux, avant de la représenter
comme telle aux populations qui, écoutant leur
atavisme, la connaîtraient mieux et la pren-
draient en gré, on devrait au moins, en simple
justice qui est une vertu chrétienne, ne pas se
boucher trop hermétiquement les oreilles lorsqu'un Mgr Touchet vient dire au Canada: "Ne
confondez jamais la France qui demeure, avec
ces hommes qui passent, avec son Parlement";
lorsque cet illustre évêque d'Orléans, en plein
congrès eucharistique et prenant ainsi le taber-
nacle à témoin de sa sincérité, prosterne son
éloquence devant le drapeau tricolore, "drapeau
joyeux qui ne portes dans tes plis ni léopards, ni
aigles, ni lion, ni bêtes dévorantes, ni oiseau de
proie, mais des rayons toujours jeunes; drapeau

qui signifies plus encore civilisation que conquêtes, et progrès d'idées que victoire, ô mon
drapeau, je sais ceux qui te défendraient jusqu'à
mourir; je cherche, sans les trouver nulle part, le
cercueil et le plombage assez solides et lourds
pour t'enfermer à jamais. Il ne faut point déses-
pérer de la France'' (95). Et lorsque le président
de la Jeunesse catholique de France nous apprend
avec quelle ferveur Pie X a porté ce drapeau tricolore à ses lèvres augustes (96); et lorsqu'un
chanoine Desgranges nous rapporte avec quelle
aisance les tribuns catholiques et militants comme lui présentent la doctrine évangélique dans
les bas-fonds du socialisme français (97); et
lorsqu'un supérieur Rigaud démontre en pleine
ville de Québec que l'irréligion française n'est que
de surface et ne représente en aucune façon la
vraie France qui reste, elle, la grande pour-
voyeuse de toutes les œuvres charitables et de
toutes les missions, le pays des sanctuaires à la
Vierge et des grands centres de foi (98); lorsqu'enfin nos propres prêtres, les plus éclairés et
les plus vénérés, nous enseignent, comme l'a fait
le digne curé de Notre-Dame de Montréal, du
haut de la chaire sacrée, qu'il ne faut point souhaiter que la France soit punie, ou, comme l'a
fait à plus d'une reprise le patriote curé du
Sacré-Cœur d'Ottawa, demandant au ciel de
bénir la carrière de nos soldats en France, il faut
vraiment ne pas vouloir les entendre pour être

sourds à ces voix ([99]). Tous les apôtres venus de France pour nous instruire de l'esprit religieux de la nation française en regard de son gouvernement passager; nos prêtres canadiens les plus clairvoyants, qui se rappellent Bismarck avouant que le plan de l'Allemagne était d'abaisser simultanément la France et Rome, l'une par l'autre, et qui se rappellent aussi bien Léon XIII s'inquiétant de ce que deviendrait le Bon Dieu si la France n'existait pas; toutes ces voix —qui ne sont pourtant pas des voix profanes, mais des voix de la plus haute autorité religieuse — toutes les voix de la vérité, de la justice et du patriotisme bien compris n'ont pu empêcher certains de nos curés de formuler, dans leur prône, le vœu que la France devait être châtiée —vœu exactement conforme à celui que tous les curés bochisants et teutomanes adressent au vieux Bon Dieu du kaiser. Et ce vœu comporte assez explicitement, n'est-ce pas, que le ciel doit collaborer à l'écrasement de la France par l'Allemagne luthérienne et amorale, et par la Turquie musulmane qui établissait ces mois derniers, pour l'entraînement de ses artilleurs, une butte de tir sur le Golgotha, sur le calvaire même de Celui qui est venu dire au monde: ''Paix sur terre aux hommes de bonne volonté'' ([100]).

Mais la Providence n'a que faire de la France républicaine, de la République tracassière des communautés religieuses! . . . Quelle France donc aimaient nos pères, qui l'aimaient tout de bon, et quelle France donc entrait dans les desseins de la Providence pour accomplir les *Gesta Dei per Francos?* La France moyenâgiste, des Albigeois et de l'Inquisition? ou la France féodale, de Philippe-le-Bel excommunié par Boniface VIII, de Charles IX et de la Saint-Barthélemy? ou la France monarchique, de Louis XIV et de Louis XV avec leurs libertés gallicanes? ou la France révolutionnaire, des jacobins et de la guillotine? ou la France directoriale de Bonaparte, qui proclama la république à Rome? ou encore la France impériale de Napoléon, qui confisqua les Etats pontificaux? Non. Il ne s'agit pas de la France moyenâgiste, monarchique, révolutionnaire, républicaine ou autre; il s'agit de la France qui est la France, malgré tous ses orages et toutes ses tempêtes qui, par définition même, passent, et laissent revenir toujours et resplendir toujours le soleil, le soleil de France éclairant le monde tout entier. Il s'agit de la France tout court. France, d'abord! France, toujours!

Ajoutons sans retard que ces sentiments de malveillance à l'égard de la France, exprimés dans quelques paroisses canadiennes-françaises, l'ont été antérieurement aux mandements de l'Ordinaire qui prescrivit la loyauté à la Couronne britannique et mit un frein à des vœux de châtiment pour une alliée de l'Angleterre [101]. Mais ces outrances, qui ont été commises, font souche et s'irradient comme autant de foyers de haine, attestent, parmi nos groupes catholiques de langue française, des sentiments qu'il est indispensable de noter, non seulement pour flétrir leur insolence vis-à-vis des familles qui ont envoyé leurs enfants soutenir et défendre une cause dont dépend le salut de la patrie; non seulement pour souligner leur incongruité à se formuler précisément à une époque où la France se révèle plus belle et plus grande que jamais aux yeux des nations émerveillées et de ses propres ennemis—car là n'est point notre affaire —, mais parce qu'il est indispensable de les noter dans une étude quelque peu sincère de la situation faite à la langue française au Canada. Ces outrances ne manqueront d'ailleurs pas d'être relevées par nos historiens de l'avenir.

Tout cela n'est pas de nature à favoriser la progression de notre parler.

M. l'abbé Camille Roy s'était déjà suffisamment rendu compte de cette situation pour oser avertir, à sa manière, le personnel de l'université Laval de Québec et les membres de la Société du Parler français qui assistaient à sa conférence sur la nationalisation de la littérature canadienne, que "nous devons **nous résigner** à faire beaucoup de littérature *française* au Canada" ([102]). S'adressant à un auditoire aussi spécial et sortant de la bouche d'un prêtre connaissant la valeur des mots, cet avertissement de *nous* *résigner*—ce verbe réfléchi plutôt que *nous résoudre, nous décider, nous disposer, nous déterminer* ou tout autre—n'est-il pas significatif à point ?

ANTIPATHIES ANGLAISES

Les luttes acerbes qui se sont engagées au sujet du français au Canada, et notamment la crise qui sévit actuellement dans l'Ontario, ont, incidemment, ou accessoirement, l'excellent effet de fouetter notre vigilance et notre fierté, nous stimuler à formuler notre patriotisme et à mettre, dans l'arène, des champions et des énergies qui se livrent d'habitude à des exercices moins profitables à notre communauté [103]. Le fait est que la majorité des politiciens anglo-canadiens qui se piètent contre nos revendications et s'acharnent à exiger, comme l'a déclaré le *Globe*, que "every child who passes through the schools of Ontario must learn to read and write and **think** in the English language," ne connaissent du français que les exemples d'une pureté souvent douteuse que leur offrent certains groupes de nos masses. C'est du *Canadian French* qui ne ressemble vraiment pas assez, d'après eux, au *Parisian French* qu'ils ne connaissent d'ailleurs pas davantage, qui y ressemble autant, pour le moins, que l'anglais généralement vernaculaire que l'on parle un peu partout chez nous ressemble à l'anglais parlé à Londres [104]. C'est la paille que l'on remarque dans l'œil du prochain. Mais cette paille disparaîtrait, qu'ils ne modifieraient point leur appréciation, car ils ignorent le français et ne peuvent conséquemment tenir compte de sa fonction civilisatrice et de son importance politique. Catholiques ou protestants, les Canadiens de langue anglaise ont leurs mobiles particuliers pour combattre la diffusion du français. Les catholiques professent plus ou moins sciemment la théorie de Mgr Bourne; les protestants ont dans la tête que la prédominance de leur religion sera proportionnée à l'affaiblissement du français. Pour les protestants, la langue française est la langue catholique, au sens théologique du terme; car je doute que la plupart en connaissent le sens d'*universalité* qui, comme chacun de nous le sait, est le sens étymologique, primitif et véritable du mot. Et c'est aussi bien qu'il en soit ainsi.

Ces sentiments—l'ignorance à peu près générale du français, envenimée par les préjugés de race—s'expliquent en somme. Nous-mêmes, ne sortons-nous pas du collège avec quelque conviction que l'Anglais, dans notre pays, est l'ennemi, comme avant la Conquête; et qu'il faut aussi bien, pour être honnête homme, être catholique? L'expérience de la vie, des choses et des gens, nous déprévient peu à peu, apporte divers tempéraments à cette croyance enfantine

et nous enseigne un altruisme dont les pré-
notions font cependant défaut. Mais tous les
Canadiens-français, du peuple des villes et des
campagnes, ont-ils acquis, de la vie commune et
nationale, cette expérience qui achève l'éradica-
tion des préjugés de race?

Ces préventions existent à l'inverse chez nos
compatriotes anglais qui n'ont eu avec nous
aucune fréquentation. Or, c'est en nombre relativement restreint que, dans toute l'étendue du
pays, les Canadiens-anglais entrent en relations
avec leurs compatriotes catholiques de langue
française, tandis que c'est le petit nombre de
ceux-ci qui peuvent accomplir leur carrière sans
venir plus ou moins en contact avec leurs compatriotes protestants de langue anglaise. Par cet
état même, nous connaissons mieux nos compatriotes qu'ils ne nous connaissent généralement;
leurs préjugés de race s'expliquent donc, et nous
ne devons point nous étonner qu'ils soient toujours ardents sous la cendre qui les recouvre plus
ou moins, selon le vent qui passe et les attise. A
nous de tenir compte qu'ils existent et qu'ils
subsisteront. Les réconciliations prêchées en
certaines occurrences par des candidats en quête
du vote catholique et français, comme tous les
baisers Lamourette, toutes les blandices et
toutes les cajoleries des députés qui exploitent
la générosité foncière du tempérament français,
qui l'escomptent et en profitent, n'opèreront

jamais une fusion réelle de sentiments étrangers, opposés les uns aux autres et dépourvus de toute affinité naturelle.   Trop de différences natives existent entre les deux tempéraments.   La concorde, et ce qu'on appelle, depuis la guerre, "l'union sacrée," ne saurait être le résultat de cette impossible fusion de sentiments, mais d'un respect réciproque, d'une confiance mutuelle. Cette confiance et ce respect, c'est à nous de les imposer et de tenir la main à ce qu'ils règlent nos coutumes et inspirent les lois sous l'empire desquelles nous devons vivre en commun. Ecoutez encore ce bon vieux Montaigne avec son éternel bon sens:

> La société des hommes se tient et se coud à quelque prix que ce soit; en quelque assiette qu'on les couche, ils s'appilent et se rangent en se remuant et s'entassant, comme des corps mal unis qu'on empoche sans ordre trouvent d'eux-mêmes la façon de se joindre et emplacer les uns parmi les autres, souvent mieux que l'art ne les eût su disposer . . . La nécessité compose les hommes et les assemble· cette coûtume fortuite se forme après en lois

Cette vérité pacifiante, que le plus sage des sages de la Grèce antique eût formulée de façon différente sans en altérer le fond, se lit ainsi qu'il suit, traduite en langue française de 1916 par M. Paul Deschanel, parlant au nom de l'Académie française, à l'Institut de France:

> Il y a ce qu'on possède et il y a ce que l'on vaut, et ces deux biens composent le patrimoine d'un peuple .Que partout l'esprit de sagesse écarte le fanatisme! Ah, chassons de notre langue ces vieux mots, faits pour de vieilles

idées: intolérance, tolérance! Eh quoi, avons-nous donc à
nous tolérer, à nous souffrir les uns les autres? Non! Ce
n'est pas "tolérance" qu'il faut dire, c'est "respect."

SYMPATHIES ANGLAISES

N'allons cependant pas donner, nous aussi,
dans le fanatisme haïssable et dans l'aveugle-
ment, et reconnaissons que la langue anglaise
vaut mieux que bon nombre de ceux qui la parlent chez nous et s'en servent contre nous; reconnaissons surtout que notre malheur vient de
ne point compter, au Canada, un plus grand nombre d'Anglo-saxons amis de notre langue, comme
ces distingués universitaires, hommes d'Etat et
journalistes que nous savons, qui ont jugé nécessaire à leur instruction d'apprendre notre langue et d'en instruire leurs enfants, qui l'aiment
et la défendent en connaissance de cause, en
toute sincérité et en toute ardeur; comme aussi
ces gens du monde qui, à défaut d'instruction
française, ont cependant l'éducation qu'il faut
pour sentir que le parler français est respectable,
digne d'égards et d'estime ([105]).   La Société
Saint-Jean-Baptiste de Montréal a institué
(1911-12) des cours publics de français pour les
personnes de langue anglaise, et ces cours sont
bien suivis: de même se remarquent aux conférences et aux représentations théâtrales françaises (lorsqu'elles valent que nous, Canadiens-
français, nous dérangions pour les entendre) un

bon nombre d'assistants de langue anglaise qui démontrent assez que l'élite anglo-canadienne ne se formalise point de la pénétration française, mais au contraire l'encourage.

Au point de vue constitutionnel aussi bien, notre langue a jusqu'à présent dû son salut et le devra encore demain à ces Anglais qui la comprennent ou tout au moins comprennent son rôle et sa fonction—ce qui revient à dire que c'est de Londres ou des gouverneurs venus de Londres ([106]) que nous avons déjà reçu et que nous recevrons encore les protections les plus efficaces et les plus clairvoyantes, surtout depuis la guerre, depuis l'alliance effective dans laquelle l'Angleterre et la France ont appris à se connaître et à se comprendre, depuis que ces deux puissances ont pu se rendre compte, autrement que par des discours de bienvenue, que leurs destinées nationales sont auxiliaires l'une de l'autre.

Dans sa préface au *Glossaire* d'Oscar Dunn, Fréchette a noté, en 1880, ces deux témoignages qui devraient se trouver, non seulement dans nos archives nationales, mais dans la mémoire de tous les Canadiens, quelles que soient leurs origines et leurs croyances religieuses:

Cette thèse de l'influence de la langue française en Amérique a reçu une sanction officielle de la part de lord Dufferin, dans sa réponse à l'adresse que lui présenta l'Assemblée législative au moment où il quittait le pays, et tout récemment, au banquet de la Saint-Jean-Baptiste,

de la part de son successeur à Rideau-Hall, le marquis de
Lorne Tous les deux ont exprimé cette pensée que, loin
d'essayer à faire disparaître le français, l'autorité anglaise
devrait au contraire en favoriser la diffusion, comme un
moyen sûr de faire profiter les populations du Dominion
des grandes idées que la France représente dans le monde,
et de donner à la nationalité qui est en voie de formation
sur cette partie du continent une originalité véritable et
féconde.

Donc, quand nous faisons observer que la
situation actuelle du français au Canada est
devenue un problème difficile à résoudre, nous
songeons à ces barricades que l'on érige autour
de nos paroisses françaises et catholiques pour
intercepter le courant et le choc des grandes
idées qui doit produire la lumière, et nous songeons aussi à la raison principale qui meut
l'autorité anglaise pour favoriser la diffusion du
français au Canada "comme un sûr moyen de
faire profiter les populations du Dominion des
grandes idées que la France représente dans le
monde." Si cette situation ne constitue pas un
problème difficile à résoudre, c'est à ne plus comprendre ce que parler veut dire. Et nous voilà
au rouet, dirait Montaigne.

Soyons Canadiens, Canadiens avant tout et
formons un peuple nouveau, à la bonne heure!
Constituons, si nous le pouvons, notre propre
intellectualité, notre propre génie; restons catholiques et gardons notre langue pour servir de
bouclier à notre foi, c'est parfait! Mais, pour
garder cette langue, si c'est la langue française

que nous voulons dire, et non une autre, et non
une langue qui va se périmant, et non un patois
en formation, l'on peut prédire sans être grand
prophète que nous ne réussirons point à la conserver au Canada, cette langue française, en
fermant nos oreilles aux voix de France. Et à
ces voix, à cette voix humaine, nous pouvons
appliquer en terminant la définition de l'élo-
quent évêque que nous avons déjà cité: "Une
voix, quelque chose d'immatériel et de sensible;
quelque chose qui caresse et qui épouvante;
quelque chose de si discret que l'oreille le perçoit
à peine et de si sonore que l'espace en sonne; une
voix, quelque chose qui éveille le courage, berce
le chagrin, ébranle la volonté, chante, pleure,
commande: le *Dies iræ* du sublime inconnu; le
Requiem de Mozart, la *Marseillaise* de Rouget
de l'Isle, l'hymne *O Canada*; une voix, presque
rien, tant cela va sans laisser trace, et tellement
tout que l'Eglise a épuisé son effort de louange à
l'égard du Saint-Esprit quand elle a dit: Il a la
science de la voix" (107).

Conclusion

Au point de vue numérique, le parler français au Canada n'est point en péril ([108]). Le nombre ne mesure cependant pas également l'influence ou la puissance des Franco-canadiens, car à l'égard de la langue comme à d'autres égards, ils manquent d'organisation et se trouvent souvent dans un état d'infériorité par rapport aux autres races qui, comme les Hiberniens, ont constitué des sociétés secrètes pour élaborer leurs projets nationaux et les réaliser avant que les races concurrentes les apprennent et se mettent en état de les contrecarrer. Constitutionnellement, la langue française est officielle autant que l'anglaise au Canada ([109]), et semble se contenter de cet attribut qui menace de ne se retrouver bientôt que dans le texte des statuts: des vétérans de la politique nous disent que, de concession en concession, la langue française se parle et s'écoute de moins en moins au parlement fédéral.

Nous avons vu que le sol de la Nouvelle-France fut peu favorable au marcottage de la langue française pure—à preuve qu'il a fallu donner une dénomination particulière au parler des Néo-Français ou Canadiens, le franco-canadien, qui y a germé en dérivation du français. Et nous avons vu que si, d'une part, la langue franco-canadienne s'épure sans cesse pour se

rapprocher le plus possible du parler de France,
elle se contamine fortement d'autre part, si bien
qu'en certains milieux particulièrement envahis
par l'anglais, dans les centres manufacturiers et
parmi les populations circonvoisines, cette
langue aurait besoin d'une indication étymologique additionnelle pour préciser sa nature complexe et devrait se nommer l'anglo-franco-cana-
dien. Généralement, la diffusion du français est
sérieusement entravée. Les attaques politiques
dont il est l'objet en quelques provinces ne
doivent en rien provoquer son abandonnement,
mais au contraire engager les populations oppri-
mées à s'y tenir plus fermement. Les moyens
d'enseignement devenant plus difficiles en ces
provinces contrariantes, il est à craindre que le
langage foncièrement incorrect du populaire ne
se diffuse avec trop de licence en manquant d'un
système de redressement suffisamment orga-
nisé. L'industrie est le plus puissant pro-
pagateur de l'anglais au Canada; et dans ce
pays en plein développement, on peut aussi bien
appréhender que cette propagation quasi mé-
canique de l'anglais ne paralyse dans une large
mesure les efforts de l'enseignement français et
de l'épuration verbale qui aurait cependant
assez à faire contre les affections organiques
du langage: les anglicismes, les barbarismes, les
solécismes, les canadianismes de trop mauvaise
frappe, les formes dialectales équivoques et

l'anémie du vocabulaire — surtout si le peuple
persiste, par un "faux respect de la tradition,"
à filier son langage à une langue demi-morte, et
s'il ne revient pas des préjugés dont il a été
pénétré à l'endroit de la France, source de notre
parler. Il faut donc espérer que la guerre nous
corrigera de cet illogisme suprême, générateur
de tout le mal et qui fait naître, chez ceux-là
mêmes qui prêchent le triomphe de la civilisation française, de l'aversion à l'apercevance de
tout ce qui est français. Et pour l'avancement
de la langue française dans notre pays, aussi bien
que par loyauté à la Grande-Bretagne, outre les
autres espoirs que nous plaçons dans la victoire
des Alliés contre la coalition teutonne, nous
devons faire des vœux ardents pour que la
France remporte de la guerre les plus beaux
lauriers. Mais nous ne devons point nous bercer
de l'illusion que la victoire des Alliés sera, comme
elle devrait s'acheminer à l'être, un motif décisif
de réconciliation entre les deux races anglo et
franco-canadiennes. Celle-ci—un député des
Communes l'en a déjà avertie ([110])—s'entendra
réclamer des comptes. L'autre, en effet, ne
manquera pas: de lui reprocher le peu d'ardeur
qu'elle aura montré pour l'enrôlement et de
diminuer à sa plus simple expression sa participation réelle; de lui garder rancune de la campagne nationaliste contre l'aide à l'Angleterre;
de faire état des outrances de langage commises

de côté et d'autre et qui seront portées au passif
de toute la race. Et comme la raison du plus fort
sera toujours la meilleure, les Franco-canadiens
ne gagneront guère à ce procès.

Par ailleurs, les amis du français vont se mul-
tipliant parmi les Anglo-canadiens instruits et de
bonne foi qui savent faire la part des gens et des
choses; l'opinion publique s'éclaire et le rôle de la
langue française se comprend mieux. . . La tru-
culence ultramontaine de Louis Veuillot nous
agrée comme la philosophie méthodique car-
tésienne congrue au sens pratique de nos compatriotes anglais. Or, Veuillot a écrit: "Le Beau,
c'est le bon sens qui parle français"; de son
côté, Descartes a dit: "Le bon sens est la chose
du monde la mieux partagée." L'espoir serait-il
donc aussi invraisemblable qu'un rêve, d'un
rapprochement du bon sens et du beau, par un
accord patriotique autant qu'utilitaire ? Si bien
que malgré toutes les luttes, on pourrait entre-
voir, un jour ou l'autre, à défaut d'un règlement
final de la situation politique du français, l'intervention d'un *modus vivendi* permettant—
comme c'est le cas en Acadie—l'enseignement
libre et normal du français aux minorités dont
c'est la langue maternelle. Dans les plus grandes
villes, à Montréal et à Québec, le français est plus
cultivé, les livres de France sont plus répandus,
la littérature française est davantage pratiquée
et un plus grand nombre s'y adonnent que par le

passé. La connaissance du français est jugée le complément d'une bonne éducation dans les familles anglaises à l'aise, et la société franco-canadienne *honnête* aspire au perfectionnement de la conversation. Les études classiques devenant progressivement plus sérieuses à mesure que l'accès des professions libérales exige une plus forte préparation, la fréquentation des auteurs français se fait aussi plus étendue et plus régulière ([111]). Le sentiment populaire français, amorti depuis plusieurs années par les préventions religieuses et nationales, se ranime à la vue de la France telle que la guerre l'a révélée; et cet heureux retour devra disposer le peuple et ses éducateurs à écouter de meilleure grâce et avec plus de profit les voix de France, inspiratrices et gardiennes naturelles, et même les seules gardiennes de la langue française au Canada. Si tant est que la race canadienne-française doive sauvegarder son tempérament distinctif et pour cela penser autrement qu'on pense en France, et si tant est que la langue franco-canadienne doive se perpétuer comme un idiome *sui generis*, cet heureux retour au sentiment français fera peut-être enfin comprendre que, pour revigorer celui des éléments constitutifs de notre race et de notre langue que la désignation même de notre race et de notre langue déclare français, et pour que cet élément essentiel ne se dégrade point tout à fait, il peut, certes, n'être pas indispensable que

nous nous départions d'une réserve qui, si l'on
y tient, doit marquer et maintenir notre dégage-
ment des idées françaises; mais si cette réserve
se mue en animadversion outrée, comme celle
que nous voyons ressourdre à·chaque rencontre et qui éclabousse tout ce qui est français,
la langue comme le reste, cette langue française qui doit rester l'unique marque de notre
caractère ethnique, cette langue française, ainsi
éclaboussée, ainsi couverte de salissures, n'aura
bientôt plus l'attirance et la beauté qu'il importe de lui trouver et de lui reconnaître pour
nous justifier de l'apprendre et de l'étudier comme il est nécessaire que nous l'apprenions et
l'étudiions, d'abord pour la *posséder* avant de
prétendre à la *conserver*, ensuite pour la respecter
nous-mêmes afin de la faire plus sûrement respecter de nos compatriotes qui l'ignorent ou la
méconnaissent. En un mot, et précisément pour
consolider cette originalité nationale dont nous
sommes si jaloux, il faut à toute force *nous
résigner* à affectionner la langue française, telle
qu'elle est de nos jours vivante et, au demeurant,
fort avenante et bien portante.

Que si l'on me reproche d'avoir employé des
couleurs sombres pour brosser le tableau de la
langue française en son état actuel au Canada,
j'alléguerai que tant de nos compatriotes pei-
gnent cette situation avec des couleurs trop
brillantes, que j'ai cru mieux servir notre parler

en signalant à ses amis les dangers nombreux et
très réels auxquels, de notre temps, il est exposé,
plutôt qu'en augmentant le répertoire des hyper-
boles inutiles et des flatteries pernicieuses. Que
si l'on a été surpris de m'entendre dire quelques
louanges de la France, je confesserai mon désir
que ces louanges soient un peu compensatoires et
rendent moins lourde la charge des calomnies et
des médisances que l'on a déposée contre elle
dans la balance de l'opinion canadienne, et qu'il
n'a fallu pour cela que proclamer la vérité. Que
si, enfin, l'on m'impute de m'être en tout cela
montré plus français que catholique, j'exci-
perai de la doctrine même de M. Henri Bourassa,
ou, à coup plus sûr, de celle de ses doctrines qui
est la moins contestable et qui n'a d'ailleurs pas
encore été contestée, puisqu'elle ne l'a fait
pécher ni par indépendance catholique, ni par
mécréance britannique, ni par fétichisme français:

"D'abord, dit-il, nous croyons que la langue,
sa conservation et son développement sont pour
nous l'élément humain le plus nécessaire à la
conservation de notre foi; et deuxièmement,
dans la simplicité de notre pensée et de notre
cœur, ayant conservé, dans cette province
moyenâgeuse, la foi catholique telle qu'elle
s'enseignait autrefois, nous croyons que l'Eglise
a des promesses de vie éternelle. De plus, nous
pensons que dans toutes les revendications de

l'Eglise, les premières démarches, comme la direction générale, doivent venir de ceux en qui nous voyons concertée l'autorité léguée par Jésus-Christ à ses apôtres, et transmise par eux aux évêques et au clergé des siècles qui se sont succédé—tandis que la langue, c'est notre bien à nous: et si nous ne le défendons pas, personne ne le sauvera pour nous'' ([112]).

En vérité, l'on ne saurait conclure autrement.

APPENDICE

Depuis que M. DeCelles, sandwiché du Droit et de la Vérité—oh, l'emprise des titres !—a déclaré mensongère et injuste mon étude sur la langue française, j'ai cru devoir multiplier jusqu'à superfétation les notules, notes, renvois, références, gloses et scolies; j'ai mis des points sur les i et jusque sur les j. Cette tautologie, moyennant quoi je m'efforce d'éviter la gratuité de nouvelles accusations, agacera le lecteur qui sait lire; mais de pareilles précautions sont nécessaires et jamais surérogatoires, puisque toujours insuffisantes. J'ai même fait quelque citation des aveux qui—Dieu lui pardonne !—ont échappé à M. DeCelles dans son empressement à sauver nos institutions . . .

Page 2–(1) Pour marquer les limites, à peu près, du registre qu'ont parcouru les chantres du parler franco-canadien, soprani et basses.

> C'est la belle langue française qui résonne à nos oreilles (au Canada), un peu moins claire, moins vive qu'en France, mais c'est la vraie langue classique, point entachée du tout de patois ni de néologisme, telle qu'elle était parlée au XVIIe siècle par les gentilshommes de l'Ile-de-France, de la Bretagne et de la Normandie, avec cependant un petit tour naïf et délicieux comme le style de saint François de Sales. (Père Pierre-Marie COURBON, M.-S.-C, les *Annales de Notre-Dame du Sacré-Cœur*, Paris, mai 1902, pp 288-292 Le père Courbon demeurait depuis une année à Québec).

> Oh! le langage canadien! On prétend que c'est du français! L'Européen de langue française, au moment où il débarque sur la terre canadienne, reste stupéfait, l'accent qu'il entend est intraduisible; où donc est-il? Quel est le langage qu'il entend? Est-ce

donc là le parler français des Canadiens-Français qu'on lui a tant
vanté? Est-il, par un miracle incompréhensible, transporté au
XVIIe siècle dans le village le plus reculé de la vieille Bretagne
française où l'on ne parle que patois? (J.-E. VIGNES, *La Vérité
sur le Canada*, Paris, 1909, p 241 M Vignes a vécu de la vie
canadienne, dans la métropole du Canada, pendant près d'une
année, il a côtoyé et fréquenté un peu tous les milieux).

Page 3-(2). James GEDDES jr, professeur de langues
romanes à l'université de Boston: "*American-French
Dialect Comparison*", dans les *Modern Language Notes*,
Baltimore (Md), déc. 1893; janv. 1894; déc. 1897; janv.-
fév.-avril-mai 1898;

Mémoires du Premier congrès de la Langue française
au Canada, Québec, 1914, p. 1;

Adjutor RIVARD, *Etudes sur les Parlers de France au
Canada*, 1914.

Page 4-(3). *Revue des Deux Mondes*, Paris, 5 déc.
1850, t VIII, p 988.

—"Vers 1630, dit M. LAVISSE (donc à l'époque du
peuplement du Canada par les colons français), la langue
française était inconnue au plus grand nombre des Français. Les zones de la langue d'oc et de la langue d'oïl ré-
pondaient à peu près à celles des deux droits; les dialectes
de l'une et de l'autre demeuraient vivaces." *Hist. de France*, t. VII, pp. 159-160; citation de M. RIVARD, op. cit. p.13.

—Les *Mémoires* de la Soc. des Antiquaires de France
(t. VI) rapportent, dans leurs *Matériaux pour servir à
l'histoire de France*, la traduction de la parabole de l'Enfant prodigue en 86 idiomes ou patois de France; 80
affèrent à la langue d'oïl, et 6 à la langue d'oc.

Page 5-(4). *Mémoires d'Outre-Tombe*, 1ère partie, liv.
VII.

Page 5-(5). *Candide*, ch. XXIII.—Ah! Pangloss!
Pangloss! Ah! Martin! Martin! Ah! ma chère Cunégonde!

Qu'est-ce que ce monde-ci ? disait Candide sur le vaisseau
Hollandais

—Quelque chose de bien fou & de bien abominable, ré-
pondoit Martin.

—Vous connoissez l'Angleterre, dit Candide, y est-on
aussi fou qu'en France ?

—C'est une autre espèce de folie, dit Martin; vous savez
que ces deux nations sont en guerre pour quelques arpens
de neige vers le Canada, et qu'elles dépensent pour cette
belle guerre beaucoup plus que tout le Canada ne vaut.
De vous dire précisément s'il y a plus de gens à lier dans un
pays que dans un autre, c'est ce que mes foibles lumières
ne me permettent pas.

Dans *Micromégas*, les *Embellissements de la Ville de
Cachemire* et *La Princesse de Babylone*, notamment, Voltaire satirise ainsi la guerre et toutes les guerres.

—Dans son *Histoire du Canada et des Canadiens-Fran-
cais*, 1884 (p 238) Eugène RÉVEILLAUD a retracé l'expression, inspirée par la même pensée ultra-pacifiste, dans une
correspondance antérieure de Voltaire à M. de Moneril
(27 mars 1757): "On plaint ce pauvre genre humain qui
s'égorge dans notre continent *à propos de quelques arpens
de glace en Canada*."

—Dans *La Colonisation de la Nouvelle-France* (1905), Emile
SALONE fournit (p 429) d'autres citations de Voltaire sur
le Canada. Dans son *Précis du règne de Louis XV*, Voltaire
énonce la raison véritable de son opposition à la colonisation de la Nouvelle-France "On a perdu en un jour...
quinze cents lieues de terrain. Ces quinze cents lieues
étant des déserts glacés, n'étaient peut-être pas une perte
réelle. Le Canada coûtait beaucoup et rapportait très-
peu."

—Sous ce titre même, *Les Arpents de neige*, M. Maurice
Trubert, au cours d'un récent article dans un journal de
Bordeaux, attribue cette dédaigneuse appellation au *duc
de Choiseul* V *Bull. de la S. du P. f.*, vol. XV, p 90.

Page 6–(6). *Cours d'histoire*, vol. 2, p. 11.

Page 6-(7). Op. cit , p. 17.

Page 7-(8) Op. cit., p. 40.

Page 7-(9). M. Marius BARBEAU, ethnologue de la Commission géologique du Canada, s'applique depuis quelque temps à recueillir *à la sténographie*, de la bouche de nos paysans, les récits légendaires et merveilleux que la tradition a déposés dans leur mémoire Cette transcription semblerait nous faire trouver, dans le folklore, un fidèle échantillon du langage de nos ancêtres, puisque les narrateurs, illettrés pour la plupart, ne font que répéter les récits qu'ils ont appris et tels, apparemment, que ces récits ont été transmis de génération en génération. Mais il importe de noter les déclarations du transcripteur, qu'il a dû faire plusieurs corrections et arrangements dans les textes qu'il a recueillis, afin de rendre ces textes publiables. (Cf. *The Journal of American Folk-Lore* (Lancaster, Pa), numéro consacré aux *Contes populaires canadiens* (français), janvier-mars 1916; et un nouveau numéro spécial devant paraître au commencement de 1917).

Page 8–(10). *L'Instruction au Canada sous le régime français (1635-1760)*, 1911, *passim* Cf. Thomas CHAPAIS, *Jean Talon*, 1904, ch. XVI. J.-Edmond ROY, *Histoire de la Seigneurie de Lauzon*, t. III (1900), ch. 29; t. IV (1904), ch. 6 et 8 Sur le langage des anciens Canadiens, V. p. 198 et suiv. du t IV de ce dernier ouvrage
Emile SALONE, op cit., p. 405: Il y a longtemps que, dans les trois villes de la Nouvelle-France, on a pourvu à l'instruction de la jeunesse ... Mais en dehors des villes, les écoles font absolument défaut, et les habitants des campagnes, c'est-à-dire la grande majorité de la population, demeurent condamnés à l'ignorance. Dès la fin du

dix-septième siècle on essaie de porter remède à une situation aussi déplorable.

Page 9–(11). Cette affirmation m'a valu, de la part du *Droit*, l'épithète de cruel menteur.

> Ce ne furent, a-t-il rectifié, que de rares exceptions qui se firent coureurs de bois, les autres se groupèrent autour de l'habitation de Québec défrichant leurs terres et s'efforçant d'élever leur famille selon les instructions des missionnaires (20 mai 1916)

Peut-on méservir ainsi la langue que l'on est aux gages de défendre! C'est de la baraterie pure et simple. Pour l'amour de la langue française, de la claire et de la vraie, de celle d'aujourd'hui aussi bien que celle du XVIIe siècle, le *Droit* devrait bien mettre ses rédacteurs devant le métier que Boileau recommande aux élèves de syntaxe. Admirez la bienfacture de ce style, et voyez ces "exceptions qui se firent coureurs de bois"? Et ces autres, ces autres exceptions, qui se groupèrent autour de l'habitation, de l'*habitation défrichant* leurs terres (les terres de ces exceptions), etc., selon (pour *en suivant*) les instructions des missionnaires. Et pourquoi ces *terres* et cette *famille* diffèrent-elles de nombre? ... Mais passons, pour indiquer au gazetier qui s'est prononcé là-dessus, les documents qu'il pourra consulter s'il s'avise jamais, avant que de bousiller de pareilles négations historiques, de se renseigner sur la quantité et la gravité des abus auxquels a donné lieu la traite. "un des fléaux du temps" (SULTE):

Edits et Ordonnances,	vol. I	1673 p.	73;
		1681	249;
		1714	341;
		1716	350;
		1737	551.
GARNEAU	vol. I	1686 p.	284;
	vol. II	1706	262;
		1715	144.

Hist des Can -Franç   vol V pp 29, 35, 52, 99, 123, 127,
   (SULTE)   vol. VI   p 123;   147;
               vol VII p 6.

Emile SALONE, op cit., p. 169; 5e part., ch. II entier; p. 392, et *passim* P. 256: La course des bois risque de compromettre l'œuvre de Talon au moment où les plus belles espérances sont permises. Voyez quelle dîme elle prélève. "Il y a 800 coureurs de bois", dit Duchesneau. De 500 à 800, dit Patoulet. Prenez le plus bas chiffre, 500; ce n'est que le vingtième de la population totale, mais ce n'est, ni plus ni moins, que le tiers de la population masculine adulte .. .. . P 257· Il faut en venir bientôt à une répression plus énergique. En 1672, les coureurs de bois risquent le fouet et, en cas de récidive, les galères. En 1673, la sévérité s'aggrave. Défense de vaquer plus de vingt-quatre heures dans les bois sans permission, à peine de la vie. .. P. 259· (Cependant, les mesures de répression n'ont pas eu grand résultat). Cet échec de la répression s'explique par la complicité universelle. Parmi les condamnés ne trouve-t-on pas les noms les plus respectés de la colonie, un Hertel, un Legardeur? Il n'est pas jusqu'aux représentants du roi qui ne prêtent au soupçon. Ils se chargent du reste les uns les autres. Duchesneau accuse Perrot et Bizard, le gouverneur et le major de Montréal, et Frontenac rend à Duchesneau accusation pour accusation, fait faire le procès de Perrot, et, dans une dépêche chiffrée demeurée fameuse, met en cause les Jésuistes. A Versailles où il y a un juge impartial, Colbert, c'est Frontenac qui est condamné . . . Etc. V. les documents auxquels M Salone s'est référé

Page 10–(12) Ernest MARCEAU, "*La langue que nous parlons*", *Revue Canadienne*, fév. 1915.

—A raisonner ainsi, l'on pourrait en revanche établir, et la démonstration ne serait pas moins spécieuse, que nous ne saurions nous réclamer des classiques anciens puisque leur français, *dans les mots*, est devenu, parfois, aussi peu correct que celui des plus illettrés de nos contemporains, que des mots identiques se trouvent chez les uns et chez les autres, mais que ces mots communs ne sont pas précisément ceux qui marquent le degré de perfection auquel la langue française est parvenue. Ex.: Dans les CENT NOUVELLES NOUVELLES: accordement (conciliation), trouver en belle (avoir l'occasion favorable), excusances (excuses), flambe (flamme), harier (fatiguer—d'où aria), inventoire (inventaire), mauvaiseté (méchanceté), en son par-dedans (intérieurement), porcionner (faire des parts), repatrier (rapatrier), ruer (jeter, lancer), suspicionné (soupçonné), tanné (lassé), tu scaras (sauras); Dans MONTAIGNE: abrier (abriter, couvrir), astheure (à présent), bavasser (bavarder), morfondement (refroidissement), nuisance (tort, incommodité), parlement (conversation, discussion), pensement (réflexion), prospect (vue), par regard de (par rapport à), si qu'il était (de telle sorte), sentir (écouter), succéder (réussir), sus (dessus, sur), virer (aller en tournant), revirer (retourner), usance (usage); Dans RABELAIS: absenter (éloigner), allumelle (lame), grande année (année de moisson abondante), arrachit (arracha), barbouilleries (barbouillages), bas-cul (croupière), faire besoin (manquer), breume (brume), cerne (cercle), davant (avant), diviner (deviner, prévoir), ententivement (attentivement), esparvier (épervier), fené (fané, flétri), fruitage (des fruits), hault du jour (midi), incréable (incroyable), impréciable (inappréciable), insigne (enseigne), laboureux (laboureur), létanies (litanies), menteries (mensonges), méchantement (méchamment), myrailler (miroiter), naveau (navet), nayer (noyer), oubliance (oubli), perfumé (parfumé), plonge (plongée, plongeon), plumart (plumet), queconque (quelconque), quitter (céder, abandonner), rechiner (rechigner), rifler, égrafiner (érafler, égratigner), roustir (rôtir), sarge (serge), solide (vrai, réel, entier),

soucilles, sourcilles (sourcils), sucrée (délicate), suffisance
(quantité suffisante), tousseux (tousseur), traîne (traî-
neau), turquoise (turque), vaisseaulx (vases), tu voiras
(verras); Dans VILLON· s'ayser (se mettre à son aise), bou-
ter (frapper, pousser), boyser (travailler le bois), canceler
(barrer, annuler), escarbouillé (écrasé), se fumer (s'emporter, se mettre en colère), j'espoir (j'espère), fausserie
(fausseté, fausse accusation), foncer (donner de l'argent,
des fonds), friquet (freluquet, dandin), grafignier (déchirer avec les ongles), bien habitué (qui a de bonnes habitudes, de belles manières), hébergement (accueil), his-
toires (ornements), là-sus (là-haut), lavaille (eau qui a
servi à laver), malheuretés (infortunes), noailleux (noueux),
partement (départ), se peiner (se donner de la peine),
plain (entier, solide, franc), plaindre (regretter), plaisances
(plaisanteries), reminer (considérer), se revencher (prendre sa revanche), revenue (retour), sumer (semer),
tenné (ennuyé), se travailler (s'employer), venteur (qui se
vante). Ainsi de suite.

Page 11-(13). J.-Edmond ROY, op. cit., t. IV, p. 197.

Page 12-(14). Notre langue assigne à chaque mot dans
chaque phrase et à chaque phrase dans le discours une
place obligatoire (Etienne LAMY).

Page 13-(15). RABELAIS employait aussi bien ce
quanque, qui ne signifiait d'ailleurs pas *quand*, mais *tout
ce que.*

"Messieurs de l'Académie dans leurs observations sur
les remarques de Vaugelas ne condamnent point *quant
à moi* . . . Ils proscrivent *quant et moi* pour *avec moi*"
(RICHELET).

—Je ne donne, ici et ailleurs, que juste ce qu'il faut
d'exemples typiques pour illustrer, lorsqu'il y a lieu, notre
analyse du parler franco-canadien. Je n'y cherche aucune

complaisance et ne songe même pas à écrémer. Les collectionneurs, et ceux de mes lecteurs à qui j'aurais la bonne fortune de suggérer la curiosité du plus grand nombre possible de nos expressions diversement défectueuses, pour s'en garder désormais, les retrouveront dans les recueils particuliers des épurateurs dont les noms sont indiqués au cours de cette étude, et pourront même se contenter du *Bulletin* de la Société du Parler français, dont la série constitue le spicilège et le florilège, le *tresor* officiel des locutions que nous ferions bien de laisser de côté.

Page 14–(16). Ces deux exemples sont rapportés par le *Bull. de la S. du P. f.*, vol. III, p. 32, vol. VI, p. 119.

Page 14–(17). Les épithètes d'*horrible*, d'*effroyable* et quelques autres semblables s'appliquent souvent en notre langue aux choses bonnes et excellentes, quoy qu'elles ne semblent convenir qu'à celles qui sont très-mauvaises et très-pernicieuses . . . Et tant s'en faut que cette façon de parler soit mauvaise, ny qu'il la faille condamner, qu'au contraire elle est élégante. (*Remarques* sur la langue française).

Page 16 (18). Un sergent du 22e m'écrit: ". . . . Le pays que nous traversons ne dira toujours pas que le 22e ne parle pas français. A dix nous arrivions, l'autre soir, avec un billet de logement, chez la comtesse de X . . . qui est la plus comtesse des douairières, à ce qu'il paraît et qu'il nous est bien égal, mais la plus charmante des femmes et à souhait gâteuse de soldats. "Si vous manquez de quoi que ce soit, nous dit-elle, faites-moi la grâce de me le demander sans discrétion, Messieurs les militaires du Canada, puisque je ne serai que trop peu de temps votre hôtesse affectionnée". Aussi notre caporal n'a-t-il pas manqué de faire à notre hôtesse affectionnée "la grâce"

d'aviser une coupe de bananes qui *traînait* sur l'authentique buffet Henri-II de l'authentique comtesse de céans.

—Comtesse, aveindez-nous donc les bananes!

"Comme elle avait heureusement autant de lettres que
d'esprit, elle les a *aveindues* avec un empressement exquis,
en nous *aveindant* aussi un sourire meilleur que ses bananes.
Mais nous n'avons pas, dans notre intendance canadienne,
de René Benjamin pour relater les aventures de nos
Gaspards."

Page 17–(**19**). *Récréations grammaticales et littéraires*,
2e édition, 1910, p. 198 et *passim*.

Page 21–(**20**). Dans cette étude sur la langue française
en son état actuel *au Canada*, nous ne nous occupons pas
du parler des Canadiens-français émigrés aux Etats-Unis,
ce parler franco-américain ferait l'objet d'une étude inté-
ressante, mais particulière. Les *Canayens des States* sont
ceux de nos frères exilés qui se sont noyés dans l'élément
anglo-américain, qui ont d'abord trouvé quelque avantage
à traduire en anglais leurs noms français (Leblanc-*White*,
Dubois-*Woods*, Boileau-*Drinkwater*, etc.), ont peu à peu
troqué leur langue maternelle contre le yankee, et ont même
et le plus souvent changé de religion. Ils ont donc rompu
avec la famille canadienne-française, et la famille canadienne-française, aussi bien, les a *décomptés*, comme disent
joliment de leurs morts nos paysans de la Gaspésie. S'ils
se souviennent de leur nationalité originelle, c'est pour la
corriger en se désignant eux-mêmes des *Canayens des
States*. Le nombre de ces décomptés est heureusement
infime. Les groupements sociaux et nationaux des Canadiens-français des Etats-Unis, notamment ceux du Rhode-
Island, du New-York, du Vermont, du Maine, du New-
Hampshire, du Massachusetts et du Connecticut, sont au
contraire fort attachés au français, qui fait leur orgueil. Ils
respectent et cultivent de leur mieux la langue maternelle,

et se rendent compte que sa survivance dépend uniquement de leurs propres soins, n'étant point garantie par des droits constitutionnels plus ou moins hypothétiques et dont l'énoncé, comme le texte de toutes les lois humaines, n'est jamais si serré qu'il n'empêche un politicien oppresseur, flanqué d'un procédurier retors, de passer au travers avec un attelage à quatre—*drive a coach and four through any Act of Parliament*, ainsi qu'un O'Connell le pensait et qu'un Ben Butler l'expérimentait. Lord St. Leonards disait de même· *nothing is so easy as to pull them to pieces.* (Sur la langue française parlée aux Etats-Unis, V. abbé F -X. BURQUE, *"L'Anglicisme"*, *Bull* de la *S. du P· f.*, vol III p 197; *Mémoires* et *Compte rendu* du Premier cong. de la lang. fr. au Canada, *passim*; Ed. de NEVERS, *L'Ame américaine*, 1900, vol. II, p. 365 et *passim*; Controverse engagée entre journalistes franco-américains sur l'avenir d'une "langue canadienne," extraits rapportés dans le *Bull. de la S. du P. f.*, vol. XIII, p 415; Statistiques de M. L.-J. K.-LAFLAMME,*"French Catholics in the United States"*, dans *The Catholic Encyclopedia*, 1909, vol. VI. Documents relatifs à la lutte des Franco-américains du Maine, en 1911, pour la revendication des droits du français dans les paroisses catholiques du diocèse de Mgr Walsh; affaire de la *Corporation sole*, V. plaidoyer de M. Godfroy-S Dupré, avocat de Biddeford, et autres pièces dans la *Revue Franco-Américaine* (Montréal), nos de nov. et déc. 1911. A lire l'amusante anecdote de l'ambassadeur de France aux Etats-Unis parlant "la langue des Canadiens de sang français," article de M. Adjutor RIVARD, *Bull. de la S. du P. f.*, vol XIII, p. 56, etc.

Page 21–(²¹). *Paysan de Saint-Irénée (Bas-Canada)*, d'après les renseignements recueillis sur les lieux en 1861 et 1862 Dans la collection "Les Ouvriers des deux mondes," publiée par la Société internationale des études pratiques d'économie sociale. Paris, 1875, 1ère partie.

Page 22–(22) Avant de me démentir *ex abrupto*, les rédacteurs du *Droit* feraient bien d'aller se promener un peu dans les rues de Hull ou de la basse-ville d'Ottawa; ceux de la *Vérité*, dans les rues de Saint-Sauveur; ceux de la *Croix*, dans les rues du Mile-End ou d'Hochelaga.

Page 26–(23). *Bull. de la S du P. f.*, vol. XII, p 382; vol. XIV, pp. 28, 59, 149, 218, 263, 310, 354, 358, 422, 435.

Page 26–(24). Citation du *Bull de la S du P. f.*, vol. V, p 199.

Page 27–(25). *Bull. de la S. du P f* , vol. IV, p. 330

Page 27–(26). Cf Charles ab der HALDEN, *Etudes* (1904) et *Nouvelles Etudes de Littérature Canadienne Française* (1907); et l'article que j'ai consacré à cet ouvrage dans la *Revue d'Europe et des Colonies*, décembre 1907.

Page 28–(27) *Mémoires* du Premier cong de la lang fr. au Canada, Québec, 1914, p 554

Page 30–(28) Rémy de GOURMONT, *Esthétique de la langue française*, nouv éd., 1905, ch IV, p 60.
—Et Jean RICHEPIN nous confesse de son côté que, pour parvenir à traduire exactement certains poèmes, il recourt au vocabulaire qu'il a réussi à ramasser

> à la fin d'une longue carrière passée à fouiller non pas les dictionnaires, comme on croit, mais le langage des gens qui parlent; car, en réalité, pour savoir une langue, ce n'est pas dans les dictionnaires qu'il faut la chercher, c'est dans les corporations qui parlent chacune leur langue.. Quand on veut bien parler le français, voilà les vrais dictionnaires qu'il faut consulter Il faut voir les gens des différents métiers, demander des détails comme si on voulait soi-même être un apprenti dans le métier, et laisser tout cela s'entasser dans sa tête—ce qui fait qu'un beau jour, quand on veut trouver des mots, quand on a une idée qui paraît bonne et qu'il faut l'habiller, on sort de sa tête tous les vêtements,

c'est-à-dire tous les vocables qu'on a—il y en a en or, en soie, en
coton, en vieille laine usée, mais, avec tout cela, on trouve le costume qu'il faut Et, quand l'idée est vêtue, on lui dit:—Et maintenant, marche et danse, te voilà belle, tu peux t'envoler — (Conférence à l'université des *Annales,* 5 mai 1915)

Page 36-(29). Cf *Lexique canadien-français,* dans
chacun des numéros du *Bulletin.*

Page 47-(30). Cf. renvoi 25 (annonces-réclames) et
note 104 (*Parisian French.*)

Page 47-(31). *L'Anglicisme de notre XVIIIe siècle,*
conférence de Jean RICHEPIN à l'université des *Annales,*
23 fév 1916.

Page 48-(32). "Matcher," dans un article de FRANC-
NOHAIN, *Je sais tout,* 15 déc. 1905, p 606

Page 48-(33). Mesure de longueur anglaise qui n'a pas
de traduction dans le français moderne, mais dont les
Canadiens-français ont fait *verge.*

Page 49-(34). L'anglais a emprunté environ 30,000
mots à notre langue; et les Normands, avec Guillaume,
ont donné à l'Angleterre une foule d'expressions qu'ils ont
plus tard portées jusqu'au Canada Il est donc possible
que des vocables anglais aient même forme que les nôtres,
sans que nécessairement ceux-ci soient issus de ceux-là —
Adjutor RIVARD, *Bull. de la S. du P. f.,* Vol VII, p. 251.

Ex Robeur (voleur, *Marie de France*), grevance (grief,
chagrin, *Charles d'Orléans*), plenté (quantité, *Villehardouin*), clergie (la société des clercs, *Gerson*), prest
(prêtre, *Christine de Pisan*), nice (joli, *Rabelais*), oystres
(huîtres, *Villon*), pleige (caution, répondant, *Id.*), scotiste
(écossais, *Id*), etc. *Budget* est un vieux mot français,
boulgette (petite bourse, Maurice BLOCK), qui serait passé

en Angleterre et serait revenu en France (V. R.-G LÉVY).
Trousse, substantif verbal de *trousser* (tortiare), est devenu
en anglais *truss* et nous est revenu *drosse*, terme de marine
(Gourmont). Espérons que *bièvre*, dont les Anglais ont
fait *beaver*, ne manquera point de nous revenir de même
pour désigner les *bièvres* qui donnèrent leur nom à la
Bièvre "dans laquelle circulaient des castors" (Flamma-
rion.)

Page 49–(35). *Bull du la S. du P f*, Vol IX, p. 203.

Page 49–(36). Conférence d'Adolphe COHN, directeur
des cours de langues romanes à l'université Columbia, à
l'Alliance française d'Ottawa, 1er mai 1914.

Page 51 – (37). J.-P. TARDIVEL, *L'Anglicisme, voilà
l'ennemi !* broch 1880, p. 7
—M DeCELLES reconnaît lui-même les ravages de
l'anglicisme:

> The great enemy of the French language here is the English,
> especially in the cities. As nearly all French-Canadian laborers,
> clerks, shop boys and girls speak both languages, they often, too
> often, introduce—without leave of the clergy—English sentences
> literally translated, besides many words singly. The other day a
> countryman of mine told me, "Vous regardez bien, monsieur," from
> the English "You look well", but meaning in French "Your eye-
> sight is good" or "You look to the right direction." This per-
> version of language is fatal among people slightly educated
> (*Citizen*, Ottawa, 27 mai 1916)

Page 53–(38). Cet incroyable anglicisme, sur quoi nous
tirons l'échelle, se retrouve dans le dernier-né de nos romans canadiens.

Page 56–(39). "*L'Anglicisme*", *Bull. de la S du P f*,
vol III, p. 197

Page 56–(40) Cf A RIVARD, "*La francisation des mots
anglais dans le franco-canadien*", *Bull. de la S. du P f*,
vol. V, p. 252.

Page 58–(41). Op cit , pp. 89, 110.

Page 59–(42). *Jargon·* langage, expressions, tours de phrase particuliers à certaines gens (BESCHERELLE) Le *jargon* diffère de l'*argot* en ce que celui-ci est toujours une langue de convention, tandis que le *jargon* peut varier d'homme à homme et avoir ainsi, dans le mauvais goût de chacun, des caractères propres d'originalité. L'un (le jargon) change avec les pays et les classes d'hommes d'un même pays; l'autre (l'argot) peut changer de société à société, d'individu à individu (*Id*)

Jargon· langage altéré (LITTRÉ). *Abusivement*, le jargon est une langue étrangère qu'on n'entend pas (*Id*): c.-à-d. dans le sens impropre du terme

STAPFER La grande différence entre les jargons et les patois demeure que les patois sont de véritables langues qui ont leurs lois, leur organisation, leur grammaire, tandis que les jargons provinciaux ne sont que des excroissances (Bossuet eût dit des *excréments*) qui, par contagion et imitation, se répandent au dehors d'autant plus facilement qu'elles sont plus extérieures et plus superficielles

Ibid Il faut suspecter les *phrases* de jargon, parce qu'il est probable d'avance qu'elles sont la corruption d'un français meilleur; il faut accueillir les *mots* de jargon avec une curiosité sympathique, parce que, toujours intéressants à connaître, ils sont quelquefois des aventuriers de fortune, et très souvent des vétérans émérites, encore bons au service actif.

LAFAYE. On nomme jargon tout langage obscur.

Vingt jargons barbares succèdent à cette belle langue latine qu'on parlait du fond de l'Illyrie au mont Atlas (VOLTAIRE) : c.-à-d vingt langues dérivées, mais de façon barbare, du latin

La ville est partagée en diverses sociétés qui sont comme autant de petites républiques qui ont leurs lois, leurs

usages, leur jargon (LA BRUYÈRE) Il n'a manqué à
Molière que d'éviter le jargon et le barbarisme, et d'écrire
purement (*Id*). Le jargon fleuri de la galanterie (ROUS-
SEAU) Le jargon des livres (*Id*.). Le jargon de l'amour
(LA FONTAINE). Le jargon des précieuses (TALLEMANT).
Vous avez l'art d'endormir ma douleur Au doux jargon
de muse marotique (CHAULIEU). Le jargon des savants
(VOLTAIRE). Le jargon des chasseurs (*Id.*). Le jargon du
monde (MARIVAUX). Le jargon de la philosophie (CON-
DILLAC). Etc

Page 61–(43). *Bull. de la S. du P f.*, vol XIII, p 462.
vol. XIV, p. 40.

Page 65–(44). *L'Avenir du Peuple canadien-français*,
1893, page 142.

Page 70–(45). "*La langue française et les Ecoles primaires*",
article dans l'*Almanach de la langue française*, 1916, p. 62.

Page 70–(46). Sénateur Pascal POIRIER, discours au
Cong. de la lang. fr au Canada, *Compte rendu*, p 281.

Page 70–(47). *Bull. de la S. du P. f.*, vol. I, p. 118. Cf
Mgr LAFLAMME, "*La Société du Parler français au Canada*", *Bull. de la S du P f*, vol I, p 37.

Page 73–(48). Préface aux *Fautes à corriger*, de Lusignan.

Page 76–(49) Antonio PERRAULT,"*Les avocats et le parler
français*", dans l'*Almanach de la langue française*, 1916,
p. 72.

Page 76–(50) A ceux de nos avocats qui ont le souci de
franciser leur vocabulaire professionnel se recommande

l'article de M. l'abbé Etienne Blanchard, "*Le bon langage
au Palais*", *Revue Canadienne*, nov. 1916.

Page 79–(51). Le labeur est immense et l'étude infinie
pour arriver à *écrire bien en n'écrivant pas mal* (c.-à-d. pour
apprendre à ne pas écrire mal). Taine avait calculé que
quinze ans sont nécessaires à ce travail; mais le chiffre est
insuffisant, arbitraire, et la vérité est qu'il y faut peiner
toute sa vie (STAPFER, op. cit., p. 257.)

Page 79–(52). Jean RICHEPIN, *De la langue française*,
reproduction introductive au catalogue des *Beaux et
bons livres français*, de la librairie Larousse, 1910.

Page 80–(53). J.-P. TARDIVEL, "*La langue française au
Canada*", *Revue Canadienne*, 1881, t. I (nouvelle série),
pp. 259-267.

Page 80–(54). Faisons un pas de plus, et ne laissons pas
croire que les naturalistes, dans leurs écrits, se soient
bornés à éviter les défauts des romantiques. En rappro-
chant l'art de l'imitation de la nature, les Flaubert et les
Taine, les Leconte de Lisle et les Renan ont donc donné
au style un degré de précision, de plénitude et de solidité,
de "densité," disait Flaubert, dont on s'était depuis longtemps désaccoutumé. Quelques grands vers de Leconte de
Lisle (*citation*); quelques pages de Flaubert,—le Comice
agricole d'Yonville-l'Abbaye, dans *Madame Bovary*, la
description de la forêt de Fontainebleau, dans *l'Education
sentimentale*;—quelques pages de Taine ou de Renan,
entre lesquelles on n'aurait que l'embarras du choix, nous
ont rendu la sensation du "définitif" et de l'"achevé"
(Ferdinand BRUNETIÈRE, *Manuel de l'Histoire de la Littérature française*, 1899, 6e édit., pp. 499-500).
Ce manuel de Brunetière se recommande, sinon aux
pensionnaires de psallettes qui n'en auraient que faire,

aux novices ès humanités soucieux d'apprendre franchement autant que sommairement ce qu'est la littérature
française, depuis le moyen âge jusqu'au XXe siècle
Directeur de la *Revue des Deux Mondes*, maître de conférences, de langue et littérature françaises, interviewer
de Léon XIII, Brunetière a professé une doctrine "fondée
sur la tradition humaine, ou, si l'on veut, sur l'identité
constante du sens commun . . S'il n'est pas arrivé à la
complète dictature intellectuelle qu'il méritait par ses
fortes qualités, c'est qu'il a trop dédaigné le désir et l'art
de plaire" (*Larousse*). Dans toutes ses œuvres il n'a cessé
de combattre ceux qu'il appelait "les ennemis de l'âme
française"; en quoi il ne fut point si mécréant que l'université Laval ne l'invitât à donner des conférences à
Montréal.

Page 81–(**55**). René du ROURE, "*La langue française au
Canada*", article de la *Revue hebdomadaire*, Paris, reproduit
par le *Canada*, Montréal, 4 juil. 1912.

Page 81–(**56**). "*La langue française à l'étranger*", *Bull. de
la S. du P. f.*, vol. I, p. 86.

Page 82–(**57**). LAVEDAN.

Page 84–(**58**). *Essais sur la littérature canadienne*, 1907,
p 355

Page 85–(**59**). Ainsi le Premier congrès de la Langue
française au Canada (qui avait cependant affiché, parmi ses
inscriptions les plus engageantes, le vers de Zidler. *C'est
notre doux parler qui nous conserve frères*), eut soin d'ex-
clure de sa participation nos *frères* protestants.
—A la séance générale des quatre Sections de la Société
royale (Ottawa, 17 mai 1916), la délibération suivante a
été soumise à l'assemblée en majeure partie composée de
Canadiens-anglais protestants—et adoptée à l'unanimité.

It was moved by His Grace Archbishop Bruchési and seconded
by Sir William Peterson, that the Society endorse the views
expressed by the President in his address—that in the schools of
the Dominion increased attention be paid to the study of French
language and French literature —Carried

—J'ai dit, en avant-propos, de quelle façon, d'autre part,
M. DeCelles, président de la Section française de cette
même Société royale, a accueilli mon étude défendant la
langue française au Canada, *mais* touchant à un élément
de notre clergé catholique L'observateur peut comparer
la tolérance des uns avec celle des autres.

—Un autre exemple de cette vigilance janséniste qui se
déclenche à la moindre allusion effleurant notre catholicisme rigoriste, mais que l'honneur de la langue française
trouve généralement insensible Le 13 avril 1916, M. Silvercruys, invité à donner une conférence à l'Alliance
française d'Ottawa, soumit préalablement quelques
sujets au président de ce cercle, qui choisit, parmi ces
sujets, *Jammes et Verhaeren*. Parlant à des intellectuels,
M. Silvercruys exposa donc Verhaeren tel qu'il est réellement et tel que tous les pays littéraires l'admirent,
à savoir un poète jouant volontiers de la chanterelle panthéiste Le président du cercle d'Ottawa ne put se tenir
de protester *séance tenante* contre la négligence du conférencier à gazer, à jeter un mouchoir sur la gorge de
Dorine, je veux dire à mettre une sourdine hypocrite sur la
corde panthéiste de la lyre verhaeréenne:

> Par de pareils objets les âmes sont blessées,
> Et cela fait venir de coupables pensées   .

A quoi M Silvercruys aurait pu répondre, tout comme
Dorine à Tartufe:

> Vous êtes donc bien tendre à la tentation,
> Et la chair sur vos sens fait grande impression!
> Certes, je ne sais pas quelle chaleur vous monte
> Mais, à convoiter, moi, je ne suis point si prompte;
> Et je vous verrais nu, du haut jusques en bas,
> Que toute votre peau ne me tenterait pas,

mais il n'a dit rien du tout, Estomaqué, coi, il n'en revenait
pas, il n'en est pas revenu, et ne nous reviendra probablement pas davantage . . .Le 31 octobre 1916, M Tridon sur-
vint (*V note 91*); mais le même président du même cercle
de la même Alliance française ne jugea point à propos de
protester, de faire part à M Tridon de l'impression "écœu-
rante" (style Tridon) qu'il produisit sur son auditoire canadien, de dire ni quoi ni qu'est-ce. Les auditeurs en res-
tèrent, plus que le président, pantois, et n'en sont pas
revenus; mais M Tridon reviendra peut-être, lui, pour
nous parler, cette fois et d'aussi tridonnante façon, de
Jeanne d'Arc.

Page 85–(60). Mgr BOURNE, archevêque de Westminster—discours prononcé à Notre-Dame (Montréal),
Congrès eucharistique, 10 sept. 1910:

> If the mighty nation that Canada is destined to become in the
> future is to be won for and held to the Catholic Church, this can
> only be done for making known to a great part of the Canadian
> people in succeeding generations the mysteries of our faith through
> the medium of our English speech. In other words, the future of
> the Catholic Church in this country, and its consequent reaction
> upon the older countries in Europe, will depend to an enormous
> degree upon the extent to which the power, influence and prestige
> of the English language and literature can be definitely placed
> upon the side of the Catholic Church.

Deux années plus tard (24 juin 1912), au Congrès de
la Langue française au Canada, S E Mgr STAGNI, délégué apostolique, prononça les paroles suivantes qui ont
assez l'air d'une réponse officielle à l'archevêque de
Westminster.

> Au dix-septième siècle, ce fut la langue française qui fut le pre-
> mier organe de la vérité catholique au Canada et dans la plus
> grande partie de l'Amérique du Nord. C'est encore la langue de
> presque tous ces apôtres et religieux dévoués qui apportent encore
> de nos jours la bonne nouvelle aux peuplades sauvages de l'Ouest
> et du Nord de ce continent, jusqu'au cercle polaire . Ce que
> nous voyons au Canada se vérifie à peu près dans tous les pays où
> il y a des âmes à gagner à la vérité de l'Evangile C'est la langue
> du plus grand nombre des apôtres de ces siècles derniers Voilà

une gloire que les chrétiens de toute autre langue doivent bien
envier au doux parler de France

Et Mgr G.-A. GUERTIN, évêque de Manchester, confirmait ainsi, de son autorité de prélat américain, les
déclarations du délégué apostolique:

> O langue française, c'est toi qui as été l'élue du Seigneur Le
> Christ t'a prise dans ton berceau et t'a sacrée de ses mains pour
> être son porte-parole Tu as eu l'incomparable honneur d'être
> désignée pour succéder aux idiomes d'Athènes et de Rome dans
> la propagation de l'Evangile C'est toi l'ange du salut et le mis-
> sionnaire des nations

Cependant, les évêques canadiens de langue anglaise
n'en démordent point. A titre documentaire, entre
autres, la déclaration qui se trouve dans la lettre pastorale
de Mgr McNally, évêque de Calgary, reproduite par la
Northwest Review (Winnipeg) du 5 février 1916, page 6·

> As to country, to all men of good-will, no matter what their
> earthly origin, who are here to make this country their home, it
> should suffice to call themselves Canadians What is the meaning
> of patriotic duty, as God intended it, other than loyal co-opera-
> tion with our fellow-beings in the community in which we find
> ourselves, aiding one another through the pilgrimage of this life,
> till it be swallowed up in life unending ? We are living in the pre-
> sent, not in the generations gone by; and a union productive of
> ever-increasing greatness here, and culminating in the possession
> of perfect union in the real and eternal Father, can never be
> achieved by futile and senseless harking back to the corners of the
> earth where our various grandfathers chanced to spend their little
> period of probation I could never believe that men of real in-
> telligence, and of genuine faith in an eternity with our common
> Father, could sincerely share in the racial "frenzy," as the Holy
> Father portrays it, which, in its last analysis, is of the earth,
> earthly, the incarnation of an empty vanity and a contemptible
> selfishness, and utterly unworthy of minds imbued with true
> brotherly love and heavenly aspirations

Page 86–(61). GARNEAU, vol 3, p. 352.

Page 86–(62). Louis FRÉCHETTE, "*La Capricieuse*" (*La
Légende d'un Peuple*, 1890)

Page 86–(63)   *Histoire du Canada* des Frères des Ecoles chrétiennes, 1914, p 351. Cf T.-B. BÉDARD, *Histoire de Cinquante ans*, ch I; Charles Gailly de TAURINES, *La Nation canadienne*, 1894

Page 87–(64)   SIEGFRIED, *Le Canada—Les deux races*, 1906, ch. vii.

Page 88–(65). Op. cit., t IV, p 200

Page 88–(66). Op. cit., *Préface, Bibliographie*, et p 460.

Art 43 de la capitulation de Montréal—Les papiers du gouvernement resteront sans exception au pouvoir du marquis de Vaudreuil et passeront en France avec lui . .

Art. 44—Les papiers de l'intendance, des bureaux du contrôle de la Marine, des trésoriers anciens et nouveaux, des magasins du Roi, du bureau du Domaine des forges de Saint-Maurice resteront au pouvoir de M. Bigot intendant et ils seront embarqués pour la France dans le vaisseau où il passera . . .

Page 89–(67). Au risque de faire sourire de pitié les lecteurs qui comprennent le français, il me faut dire aux journalistes qui m'ont fait attribuer de la bassesse à notre clergé, qu'ils se méprennent sur mes expressions autant que sur mes intentions. Cette expression de "bas clergé" n'impute aucune bassesse au clergé. Elle sert tout innocemment aux historiens laïques pour désigner les curés et les vicaires, particulièrement ceux des banlieues ou des faubourgs et de la campagne, et pour distinguer leur groupement de celui du "haut clergé" qui se compose des chanoines, des protonotaires apostoliques, des évêques et des autres princes de l'Eglise. Et s'il faut l'autorité d'un dictionnaire à ces journalistes, je les réfère à Hatzfeld & Darmesteter.

Page 89–(68) Comme échantillon de la prose que la *Croix*, entre autres journaux cléricaux, sert à notre bas clergé pour le renseigner sur la France, les deux extraits suivants d'un premier-Montréal intitulé tout simplement *La Justice de Dieu* et signé "Un prêtre".

> Les Allemands, pour leur honte éternelle, ont massacré de petites victimes qui n'avaient pour toute défense que leur sourire et leur innocence . Les Français n'avaient pas mérité ce châtiment ? Oh, non! N'allez pas leur dire cela Mais vont-ils regretter ces chers disparus ? C'est douteux Des enfants, chez eux, il y en a généralement trop! En France, les familles nombreuses sont honnies, montrées au doigt et trouvent difficilement à se loger Les enfants qui ne sont pas tués dans leur corps sont tués dans leur âme Par des lois iniques et impies, on les empêche de gagner le ciel en leur ôtant le moyen de connaître Dieu et de pratiquer la vertu qu'il récompense.
>
> . . . .   , ...
>
> Les cathédrales de Reims et d'Arras, et quantité d'édifices religieux ont été détruits; c'est une impiété impardonnable pour les Allemands de s'en prendre à Dieu même pour se venger de leurs insuccès dans leurs combats Mais qu'importe à Dieu la disparition de ces beaux monuments, qu'une nation vaniteuse conserve comme des musées, pour sa glorification auprès des autres peuples, lorsqu'il a à lui faire expier tant de confiscations, de profanations, d'abandon, à la ruine, de chapelles, de couvents, de collèges, de monastères, de séminaires, d'églises de campagnes et de cette belle église de la patronne de Paris, Sainte Geneviève, d'où l'on a chassé Dieu pour en faire un reliquaire (qu'on me pardonne le mot) de charognes, pour en faire un Panthéon de tous les cadavres de ceux qui furent l'essence de la pourriture morale de la France.
> —(*La Croix*, Montréal, 13 mars 1915)

Cette haine féroce ne date donc pas de Combes ou de Viviani, puisque la première désaffectation de l'église Sainte-Geneviève pour l'établissement d'un Panthéon français remonte à 1791 et que c'est depuis près d'un siècle (1830) qu'on y lit l'inscription *Aux grands hommes la patrie reconnaissante.*

Quant aux leçons de patriotisme, voyons celles que ce même journal donne aux prêtres canadiens, sujets britanniques:

La *Croix* tient "la Russie et l'Angleterre responsables de la guerre" (5 déc. 1914);

La Serbie est la cause première de "l'épouvantable guerre allumée par le crime maçonnique international de Serajevo, avec les complicités officielles serbes" (9 oct. 1915),

L'Italie elle-même est "l'instrument aveugle ou conscient des sectes anti-chrétiennes" (19 déc. 1914);

Le 31 octobre 1914, le directeur du journal écrit·

> La Belgique, pays catholique cité au monde entier comme un modèle de vraie prospérité et de vraie grandeur, était devenue depuis longtemps l'objet de la haine des loges ... Je me suis laissé dire que si cette haine n'avait pas été si profonde, l'Angleterre et la France, où la "secte infâme" est toute puissante jusque dans les hautes sphères de l'armée, auraient bien su trouver le moyen d'empêcher l'Allemagne de ravager la Belgique

Mais, à quelques semaines de là (19 déc. 1914), un soi-disant "ex-diplomate" apprend à la *Croix* qu'il pourrait citer

> des manifestes publiés par les Grands.·. Orients.·. (organismes politiques) de la maçonnerie, en France, en Belgique, en Espagne, en Italie... Le premier, en date, émane du Gr.·. Or.·. de France (9 août 1914) chargeant le Gr.·. Or.·. de Belgique de féliciter, au nom de la maçonnerie, les Belges, de leur résistance à l'invasion allemande·

Donc, la Belgique aussi doit être châtiée!

Cependant, et l'on s'en doutait bien, la grande coupable, c'est la France . . . La cause première de la guerre, c'est l'orgueil incommensurable d'un Viviani, c'est la scandaleuse immoralité d'un Caillaux, c'est la diabolique haine d'un Jaurès. Ah, les misérables! (29 août 1914)

> Notre ancienne mère-patrie, sous l'action dissolvante du malthusianisme prêché par les adeptes de la franc-maçonnerie, marche à grands pas vers son propre suicide Triple crime: contre la société, contre la patrie et contre Dieu (17 avril 1915)

Enfin, tous les Alliés doivent être châtiés La France, l'Angleterre, la Russie, l'Italie, la Serbie, la Belgique même—s'il en reste. Par contre, et naturellement, les sympathies de la *Croix* vont à Ferdinand de Bulgarie, qui a

su déjouer les complots des francs-maçons (9 oct. 1915),
puis à l'Allemagne et à l'Autriche.

> Les Allemands, contre le droit des gens et contre toute justice,
> ont, *il est vrai* (!) mis à mort et emmené en captivité des vieillards
> et des femmes, pères et mères de leurs adversaires (13 mars 1915) .

mais:

> N'en déplaise à une certaine presse exaltée qui, sous le manteau
> du patriotisme, cache la vérité et montre l'erreur, l'Eglise, en
> Autriche et même en Allemagne, voit ses œuvres grandir et
> fleurir merveilleusement (29 août 1914)

C'est ainsi de suite, à jets continus et dans ce style
"pur et parfait" dont nous pourrions causer un tantinet,
si l'on pouvait avoir le cœur à rire en lisant des vilenies
et des traîtrises pareilles, et cette prose vipérine qui inspire moins d'amusement que de répulsion.

Page 90-(69) Cette intervention du ministre des douanes s'est renouvelée en août 1916, à Québec.

Mme Th. BENTZON, *Nouvelle-France*: Sous prétexte qu'il
existe de mauvais livres, les Canadiens catholiques
défendent même les bons; jamais je ne m'étais doutée
avant d'avoir causé avec eux—et je parle des gens éclairés
—qu'autant d'œuvres littéraires fussent à l'index. Il n'y
a rien de plus vide et de plus désolé qu'une librairie de
Québec, si ce n'est le même magasin à Montréal.

Page 92-(70). Op cit p 373.

Page 92-(71). Cette opinion a fait bondir ou plutôt
rebondir le *Droit*:

> Le plus beau démenti, c'est que de toutes ces maisons sont
> sortis des hommes qui ont fait leur marque dans les lettres fran-
> çaises, historiens, poetes, orateurs Ce sont ces maisons d'éduca-
> tion, fruits de l'activité du clergé, qui ont formé les Parent, les
> Garneau, les Ferland, les de Gaspé, les Crémazie, les Chapais, les
> Routhier, les Gosselin, les Casgrain, les Chauveau, et que d'autres!
> (20 mai 1916)

La vérité plus vraie, c'est que tous nos écrivains "qui ont fait leur marque dans les lettres françaises" (et c'est à supposer que le *Droit* veuille parler des lettres franco-canadiennes) doivent leurs succès et leur notoriété aux études littéraires ou historiques spéciales auxquelles ils ont dû se livrer au sortir du collège et en France, pour la plupart. Arthur Buies (que le *Droit* a oublié de nommer, bien qu'il ait été l'un de nos écrivains qui ont le plus marqué dans les lettres franco-canadiennes et même françaises) a écrit en 1884 :

> Lorsque je revins de France en 1862, après y avoir passé six années pour refaire entièrement le cours d'études que j'avais suivi dans nos collèges, ce qui était impérieusement nécessaire si je voulais apprendre quelque chose, je fus effrayé de l'ignorance générale de mes compatriotes (*La Lanterne*, réimpression de 1884, p. 321).

M. l'abbé Camille Roy, qui s'est d'ailleurs reformé en France (je n'ai pas écrit *réformé*), écrit encore ceci, à la page 347 de ses *Essais* :

> C'est notre langue française (et le contexte indique clairement que M. Roy pense à la bonne *langue française* et non à la langue spéciale du *Droit*) qui exprime, pénètre de sa vertu, et comme de son arome subtil, nos pensées, et c'est avec toutes les qualités précieuses qui en sont inséparables, et que nous avons héritées de nos pères, que l'on a composé les œuvres les plus délicieuses et les plus substantielles que l'on voit dans notre biliothèque nationale. Et loin que nous songions à changer ce langage, notre Société du Parler français n'a d'autre but que de l'étudier pour le mieux connaître, et de le mieux connaître pour le mieux conserver.

Enfin, le rédacteur qui me démentit, et nasarde si bellement du même coup ce distingué professeur du séminaire de Québec, corrobore suffisamment lui-même, malgré qu'il en ait, le témoignage de tous nos dénigreurs religieux ou profanes, car il *écrit* fort mal pour avoir été formé dans les maisons d'éducation dont il *parle* si bien. Voyons. "Faire leur marque" n'est pas français, au sens que le *Droit* donne à cette expression, et n'est pas davantage anglais. C'est un solécisme franco-canadien et un idiotisme de la langue particulièrement riche en images imprévues que le *Droit* enseigne et emploie. En vrai français, dans la langue d'aujourd'hui, aussi bien que dans celle du XVIIe siècle ou du moyen âge, "faire sa marque" signifie l'action d'un homme qui, ne sachant écrire, supplée au défaut de signature. Nous venons de voir encore appliquer cette expression bien française, dans le seul sens qu'elle comporte en français, devant l'un de nos tribunaux très supérieurs, lequel a été mis en possession d'un affidavit attesté par douze témoins par moitié canadiens-français et canadiens-anglais. Six de ces douze témoins y ont fait leur marque . . . Si le *Droit* m'accuse de faire une insinuation malveillante, il peut se livrer au plaisir d'infliger une correction à cette malveillance en recherchant la pièce judiciaire dont je parle et en la publiant—s'il l'ose.

En sorte, donc, que l'expression du *Droit*, traduite en français, signifie littéralement ceci: "dans les lettres françaises, les hommes sortis des maisons d'éducation, fruits de l'activité de notre clergé (!), ont fait leur marque, ne sachant écrire" (*Cf.* Littré). Et puis des *maisons d'éducation* ne sont point des *fruits*, voyons! Appliqué à des maisons, à n'importe quelles maisons, le mot *fruits* ne saurait indiquer, en langue française ancienne ou moderne, veuillez m'en croire, que le loyer des maisons, les baux à ferme, les intérêts des sommes exigibles, etc., ou encore les profits ou bénéfices rapportés (*Cf.* Bescherelle). En français, on dit *les Gaspé* et non "les de Gaspé" (*Cf.* Stapfer); et *poètes* exige un accent grave, et non un tréma. (*Cf.* le petit Larousse) . . . . Etc.

Il y a, comme cela, quelque quatre doubles colonnes, en mon honneur seulement. Quelle pitié de n'être pas assez méchant pour tirer un peu les mandibules à ces sauterelles de notre parler français, qui, non contentes de le gruger, le polluent encore de leur sérosité mélassée, sous couleur de l'amitonner de leurs papelardises! Elles mériteraient pourtant qu'on leur fasse rendre trompe, comme

les petiots de nos villages disent en cadence à ces bestioles
qui dévorent les bons grains:

Donn'-moi d'la m'nasse
Ou ben j'te tue,
Donn'-moi d'la m'nasse
Ou ben j'te tue!

Mais ce serait amusette!

Page 93–(72). Quiconque veut étudier la rythmique
française peut ne lire que La Fontaine et Hugo, et négliger
tout le reste . . . . Sa merveilleuse divination de la forme
lui a révélé (à Hugo) ces deux formes de la pensée, le
style et le rythme, et il les a fait conspirer ensemble d'une
manière inimitable . . . . Il a eu un style à lui, créé par
lui, et puis il a eu à sa disposition tous les autres (Emile
FAGUET, *Dix-neuvième siècle*).

Page 96–(73). Op. cit., p. 68. Cf. Jean LIONNET, *Chez
les Français du Canada*, 1908, *passim.*

Page 97–(74). Quelques menues citations graves, pour
faire une peur aux écoliers qui ne savent pas encore que
les mots sont en vie:

Un vieux grammarien, Geoffroy Tory, exprimait
déjà, en 1529, le vœu qu'on s'employât "à mettre et
ordonner par reigle nostre langaige françois," sans quoi
"on trouvera que de cinquante ans en cinquante ans la
langue françoise, pour la plus grande part, sera changée et
pervertie" (Note de Paul LALLEMAND, op. cit. *infra*).

MONTAIGNE: Selon la variation continuelle qui a suivy
nostre langaige jusques à cette heure, qui peut espérer que
sa forme présente soit en usage d'icy à cinquante ans ? Il
escoule tous les jours de nos mains, et depuis que je vis,
s'est altéré de moitié.

BOSSUET: Mais l'éloquence est morte, toutes ses couleurs s'effacent, toutes ses grâces s'évanouissent, si l'on ne

s'applique avec soin à fixer en quelque sorte les langues et
à les rendre durables.   Car, comment peut-on confier des
actions immortelles à des langues toujours incertaines et
toujours changeantes ?   Et la nôtre, en particulier, pour-
rait-elle promettre l'immortalité, elle dont nous voyons
tous les jours passer les beautés, et qui devient barbare à
la France même dans le cours de peu d'années ?

HUGO L'esprit humain est toujours en marche, et les
langues avec lui .   Le français de certaine école contemporaine est une langue morte.

Etienne LAMY: Elle (notre langue) vit, c'est dire qu'elle
change. Voix d'un peuple, elle est la voix de ses âges
divers, de sa santé et de ses maladies.

DARMESTETER. S'il est une vérité banale aujourd'hui,
c'est que les langues sont des organismes vivants dont la
vie, pour être d'ordre purement intellectuel, n'en est pas
moins réelle et peut se comparer à celle des organismes du
règne végétal ou du règne animal.

A lire, toute ronde. *La vie des mots* (DARMESTETER);
aussi la *Vie du Langage* (WHITNEY), *Pathologie du langage*
(LITTRÉ); etc.

Cf. Paul LALLEMAND, "*De la modernité dans l'art d'écrire*",
rep. par le *Chercheur* (Québec), 1er fév. 1889.

Page 97–(**75**). Cf. LARIVE et FLEURY, *Troisième année
de Grammaire* et *Exercices de Troisième année.*

Page 98–(**76**). Anatole FRANCE, *Le Jardin d'Epicure,
"Ariste et Polyphile ou Le langage métaphysique."* Ce
dialogue d'*Ariste et Polyphile* pourrait s'ajouter à nos
références sur la vie de la langue (74) et sur le jargon (42).

Page 100–(**77**). Mgr TOUCHET, évêque d'Orléans Discours prononcé dans la cathédrale de Québec, 4 septembre
1910.

Page 100–(**78**). A.-M. Elliott, professeur à l'Université Johns-Hopkins: *"On a philological expedition to Canada"*, dans *The Johns Hopkins University Circulars*, Baltimore, 1884-5. Extraits traduits par Napoléon Legendre dans sa brochure *La Langue française au Canada*, 1890.

Page 100–(**79**) *Au pays de la vie intense*, 1904

Page 101–(**80**). Ainsi de l'ancien norois, la langue mère des idiomes scandinaves modernes, qui, devenu ici le norvégien, là le suédois, ailleurs le danois, s'est maintenu à peu près intact jusqu'à nos jours en Islande (Note de Darmesteter).

Page 102–(**81**). *Bull. de la S. du P f.*, sept 1915, p. 14, note.

Page 102–(**82**) Pour être de bon compte, il faudrait se rappeler que l'anticléricalisme français moderne naquit de la politique de sauvegarde que la République jugea à propos d'adopter pour enrayer les intrigues cléricales coalisées, après la chute de l'Empire, contre Gambetta en faveur de Chambord, coalition par conséquent révolutionnaire contre le pouvoir établi et dont le pouvoir dut se garer par des mesures qui ont subsisté ou se sont accentuées selon les circonstances L'anticléricalisme français surgit donc de conflits purement politiques et de complications purement locales, il n'est pas "un article d'exportation." (Cette note m'a été fournie par M. DeCelles, l'érudit conservateur de la bibliothèque du parlement canadien, "au cas que j'oserais m'en servir." Je ne voudrais point avoir manqué de l'en remercier publiquement, comme aussi de l'aide qu'il m'a copieusement apportée dans le labeur de la documentation).
—Un contradicteur m'écrit: "Seuls, ceux qui connaissent assez l'histoire pour croire que l'anticléricalisme ne fut

qu'un mouvement politique, ont le droit de discourir là-dessus."

Mais alors, tous ceux de nos francophobes qui font de l'anticléricalisme français leur grand cheval de bataille, connaissent-ils l'histoire, oui ou non? S'ils la connaissent, ils doivent croire que l'anticléricalisme en France ne fut qu'un mouvement politique, et, pour être sincères et même honnêtes, n'en point parler d'autre façon; et s'ils ignorent l'histoire, ils n'ont pas le droit de discourir là-dessus. C'est de la part d'un ami de notre clergé que je prends la respectueuse liberté de répéter ce raisonnement.

Page 103–(83). Notons les journaux essentiellement catholiques, comme la *Vérité* de Québec et la *Croix* de Montréal, qui ont pris la spécialité de dégoiser toutes les diffamations contre la France, et se sont ainsi fait une clientèle, notamment parmi le clergé et le corps enseignant franco-canadiens.

Nous avons rencontré des enfants d'école qui croient dur comme fer que les soldats français tués à la guerre doivent aller en enfer . . .Et comme nous leur demandons d'où ils tiennent cette vérité, ils nous répondent que ce sont leurs maîtres qui l'affirment "parce que la France n'est pas bonne."

Pour attester des sentiments tout personnels de cet élément francophobe de notre bas clergé, donnons comme exemple (entre plusieurs autres qu'il nous serait aussi loisible de rapporter) la lettre suivante reçue, par un comité de secours français, du curé d'une paroisse de la province de Québec, qui l'a écrite en vue de la publication, comme il appert du post-scriptum:

. . . . 20 novembre 1914.

J'ai lu attentivement la circulaire que vous adressez à tous les curés de la Province, touchant les secours devant être apportés aux victimes françaises de la guerre. En réponse, je regrette de ne

pouvoir répondre effectivement à votre demande tant que nous
n'aurons pas l'assurance que le comité chargé de la distribution des
secours en France ne mettra pas l'affreuse condition pour les
familles catholiques d'avoir à envoyer leurs enfants aux écoles de
l'état, i e. sans Dieu, maçonniques, si elles veulent avoir part aux
dits secours

Je sais bien qu'il y a d'indicibles souffrances sur le sol français,
mais elles pourraient être quelque peu restreintes si l'impiété d'un
grand nombre de commandants militaires faisaient taire leur
esprit sectaire, en permettant aux soldats blessés d'être soignés
dans les hôpitaux tenus par les sœurs   On maudit l'espion allemand pour le mal qu'il fait à la France et on n'a pas un mot de
blâme pour les français qui espionnent leurs compatriotes catholiques.   Dans votre circulaire, vous parlez de quelques dissenti-
ments passagers entre la France et nous   Madame, entre la France
officielle et nous, il y a, comme dirait je ne sais plus quel personnage
éminent de France, il y a toute la question religieuse.   Je sais bien
que le gouvernement n'est pas la France, mais comme c'est le gouvernement qui préside aux distributions de secours, vous savez à
quelles conditions pour les catholiques

Je crois que nous pourrions porter ailleurs nos sympathies effec-
tives.   Je suis de plus en plus convaincu que les catholiques de
France seront les victimes de la tragédie qui se déroule en ce moment; pour ma part, je ne veux pas être l'objet de la reconnaissance
de la France qui nous remerciera en nous envoyant ses agents des
loges pour nous déniaiser, comme ils disent si candidement

P S   Cette lettre, si elle doit vous servir, devra garder l'ano-
nymat

Et comme nous avons fait état d'honorables exceptions dans la francophobie de notre bas clergé, empressons-
nous de rapporter cette autre lettre:

Grand'Pointe (Kent), Ont.
22 janvier 1915.

Je vous transmets aujourd'hui le produit d'une souscription que
j'ai prise le jour de Noël et les jours suivants pour le Comité de
secours national   La somme n'est pas très forte   Mes gens ne
sont pas riches non plus   D'habitude la collecte de Noël est offerte
au curé   Je vous l'adresse—beaucoup augmentée par cette annon-
ce que l'offrande devait être envoyée pour les orphelins français
L'intention de mes paroissiens a donc été de venir en aide spécialement aux orphelins   Un mot de votre part au Comité pourra peut-
être faire classer cette légère obole, que je vous offre, spécialement
pour les tout petits

Il serait très difficile de se procurer des habits ou autres effets
pour votre comité   Mes gens semblent avoir juste le nécessaire
Veuillez m'adresser un blanc de souscription que je remplirai.

L. LANDREVILLE, *Ptre-curé*,

je vous renvoie ci-inclus une liste de mes paroissiens qui ont contribué au fonds de secours J'ai pu recueillir encore (depuis ma dernière lettre) quelques sous Ci-inclus chèque au montant de $7.50 que vous voudrez bien ajouter à la somme adressée auparavant ($70 00)

Avec mes meilleurs souhaits de succès pour votre œuvre, je demeure,

Votre tout dévoué en N. S.

L. LANDREVILLE, *Ptre-curé*

Page 104–(84). Cf "*The position of the Flemings*", *Montreal Daily Star*, 4 nov. 1916; Rep. de l'*Echo belge* dans l'*Evening Journal*, Ottawa, 8 nov. 1916, (*Sidelights*), sur l'exécution, par les Allemands, de l'abbé Declercq, vicaire de Gand, et l'emprisonnement des autres opposants à la défrancisation de l'université de Gand.

Page 109–(85). Op cit , pp. 100 et 430 A lire, sur les raisons historiques de la cession du Canada, la "Conclusion" de *La Colonisation de la Nouvelle-France* et les références que l'auteur donne de PARKMAN (*The Old Regime in Canada*), de CASGRAIN (*L'Ancien Régime au Canada*), et de RAYNAL (*Hist phil et pol. des établissements des Européens dans les deux Indes*)

Page 110–(86). Pour ce qui est spécialement des accusations encourues par la parole française, littérature ou éloquence, M Etienne LAMY, représentant l'Académie française au Congrès de Québec, les a lui-même formulées avec une franchise aussi consommée que son art. Il a démontré, avec autant de précision, qu'il ne faut pas, toutefois, "accuser la France ni de tout ce qui semble toléré par elle, ni même de tout ce qui se fait en son nom" (*Compte rendu* du Cong de la lang. fr., pp. 254 et suiv.).

Page 110-(87) Qu'on lise donc seulement les *Annales* de la Propagation de la Foi !

Page 112–(88). RONSARD.

Page 112–(89). B. Sulte, *Le Canada en France*, 1893.

Page 113–(90). Prenez le cas du lieutenant-colonel Picard, coté parmi les historiens militaires, qui publiait récemment un ouvrage sur notre histoire en l'ornant de superbes illustrations polychromes Et la toute-première de ces illustrations célèbre le haut fait, savez-vous de qui ? De *Silver* Dollard, quand il s'agit de notre Dollard des Ormeaux. Avec de pareils ouvrages d'histoire qui ignorent même nos héros français, nous avons vraiment de la chance de n'être pas encore plus mal connus! (*Pages d'histoire—Les Français au Canada*, 1 vol. à Londres, 1914).

Page 114–(91). De ces Français indésirables, qui ne sont parfois que des Suisses embochés, l'espèce la plus dangereuse est celle de ce M. André Tridon qui est venu donner une conférence sous les auspices de l'Alliance française à Ottawa, le mardi 31 octobre 1916; car cette espèce nous donne vraiment trop à décompter. Ce conférencier, qui se réclame des diplômes que des universités de Paris ou de Clermont ont eu la bienveillance de lui coller, pour se faire écouter par l'élite canadienne-française en communion de sympathie française avec l'élite canadienne-anglaise et célébrant dans une admiration commune et cordiale la gloire du nom français, ce conférencier *français*, qui déclare ne se rendre compte de l'état de guerre qu'en arrivant au Canada, qui compare l'armée de la Somme au ramas d'ignorants grognards qui exécutaient les meurtres et les boucheries de Napoléon (grognards et général qu'il méprise souverainement dans une langue souverainement grognonne et banlieusarde), qui reconnaît à La Fontaine le seul mérite littéraire d'avoir été le parasite de Louis XIV, qui traite tous les érudits français d'idiots et notamment Frédéric Masson de radoteur, qui a d'un mot la France dans le nez, ce conférencier pourra trouver encore, hélas! des auditoires canadiens pour recevoir son dé-

gobillis, mais il ferait bien de se rappeler dorénavant et de
prévenir ses collègues que l'Alliance française, au Canada
tout au moins, sert à accueillir des conférenciers *français*
qui aiment la France et se consacrent à la faire connaître
en vérité, et, par ainsi, la faire aimer. Et si tant est qu'on
ne puisse les empêcher de faire quelque part leur propagande antifrançaise, nous saurions infiniment gré à ces
faux missionnaires de ne jamais sortir de chez les Yanko-
boches.

Page 114–(92). Pour le repos de leurs méninges, je déclare
à ceux qui cherchent des allusions, que je songe présente-
ment aux catholiques de la complexion de Mossieu Joseph
Bégin, directeur de la *Croix* de Montréal, qui, à l'époque
des élections municipales, invoque saint Joseph pour
mieux travailler à la purification de l'électorat et, du
même coup, réussir, en maltôtier moderne, à tirer de plan-
tureuses carottes aux candidats.

Page 115–(93). *La Science française*, sous la direction de
Lucien Poincaré, 2 vol. 1916, expose la part essentielle que
la France a apportée au progrès scientifique universel.

Page 115–(94). C'est un témoignage analogue que M.
Joseph Reinach apporte dans la préface de la sixième série
des *Commentaires de Polybe*. "Il apparaîtra un jour, dit-il,
que l'une de nos grandes forces aura été de vivre dans une
atmosphère de vérité." Et il ajoute: "Il n'y aura pas au
monde de nation plus puissante pour son bonheur et pour
le bien de l'humanité que la France éternelle, si elle se
cristallise dans la France d'aujourd'hui." C'est là une
pensée absolument juste. La grande vaillance de ce pays
fut de n'avoir nulle peur de la vérité, d'oser envisager
résolument la situation qui lui était faite, de n'avoir jamais
douté de son effort, de sa volonté de vivre et de vaincre.
Certes, ceux qui assument la responsabilité du pouvoir et

ceux qui ont mission de conduire nos armées furent constamment soutenus par le sentiment du devoir, mais c'est
l'âme du peuple qui a permis d'accomplir des choses si
grandes, qu'on a pu les qualifier de miraculeuses (Roland
de MARÈS, critique littéraire aux *Annales politiques et
littéraires*, 29 oct. 1916).

Maurice BARRÈS ajoute Parfois le poème sommeille,
jamais il ne fut plus fraternel, plus religieux qu'à cette
heure. Comme de nombreux traits de l'Ancien Testa-
ment, obscurs et chétifs par eux-mêmes, ne prennent leur
plein sens qu'à la lumière du Nouveau, de même les antiques prouesses des chevaliers et de nos aïeux respectés
semblent n'être que la préfiguration des choses plus riches
et plus saintes d'aujourd'hui. On dirait que l'histoire de
notre nation tendait tout entière à ce que nous voyons
depuis deux années Des millions de Français sont entrés dans cet état d'héroïsme et de martyre qui jadis, aux
époques les plus hautes de notre histoire, fut le fait seulement d'une élite. Jeune ou vieux, pauvre ou riche, et
quel que soit son *credo*, le soldat français de 1916 sait que
la France est une nation qui intervient quand il y a trop
d'injustice sur la terre, et dans sa tranchée boueuse, le
fusil à la main, il sait qu'il continue les *Gesta Dei per
Francos* (*Les Traits éternels de la France*, 1916).

Page 116–(95) Mgr TOUCHET, évêque d'Orléans, discours prononcé dans la cathédrale de Québec, 4 sep. 1910

Page 116–(96) M. GERLIER, président de la Jeunesse
catholique de France, discours au congrès eucharistique
de Montréal, septembre 1910

Page 116–(97). Chanoine Jean DESGRANGES, conférence
à l'Alliance française d'Ottawa, 2 avril 1914.

Page 116–(98). R. P. RIGAUD, supérieur des mission

naires du Sacré-Coeur, conférence à l'Auditorium, Québec,
dimanche, 21 novembre 1915

Page 117–(99) Nous nous abstenons de nous référer au
témoignage de prélats français, comme Mgr Lenfant, qui,
prêchant au plus fort de la guerre, peuvent être soup-
çonnés de chauvinisme ou seulement de patriotisme
—Notons la "digression inattendue" qui se trouve dans
la chronique de M. Thomas CHAPAIS, "*A travers les Faits
et les Œuvres*" (*Revue Canadienne*, avril 1916, p 370) et qui
démontre que de pareils vœux ne répugnent pas seulement
aux esprits *libéraux* ou trop français, mais à des *conservateurs* comme M Chapais, que Jean Lionnet a surnommé
"le Veuillot canadien" et que M Charles ab der Halden
désigne aussi justement comme l'écrivain le plus remarquable de notre parti ultramontain.   M. Chapais déclare
"Nous ne sommes pas de ceux qui, hochant la tête, s'en
vont répétant: "Voyez-vous, il faut que la France soit
"châtiée; elle a été la nation prévaricatrice, elle s'est
"écartée des voies droites, et la verge de fer doit flageller
"ses défaillances." Non, non, nous ne sommes pas, nous
ne voulons pas être de ceux-là, *trop nombreux parmi nous*,"
etc

Page 117–(100) Ces sentiments antifrançais, chez un
certain nombre de prêtres canadiens-français, ont été relatés *publiquement* déjà. V. notamment: "*Spectacle navrant*",
"*Lettre de Québec*", "*Notre clergé et la France*", "*L'entente
cordiale au Canada*", *Le Pays* (Montréal), 29 août, 12 sept.,
14 nov. 1914; 22 janv. 1916, et *passim*, "*Une note discor-
dante*", *Le Réveil* (Montréal), 29 janv 1916. Les mis en cause
n'ont point protesté On sait d'ailleurs à quoi s'en tenir
Pas plus que pour les défauts de notre parler je ne me com-
plais, de dessein formé, à reproduire les outrances que
certains de nos prêtres ont commises à l'endroit de la
France. Je ne cite que ce qu'il suffit, ce semble, pour

justifier la dénonciation nécessaire d'un sérieux obstacle à la progression du français au Canada. Cependant, si l'on croit bon de me pousser aux extrémités, je donnerai d'autres preuves, inédites. Par malheur, il n'en manque pas!

Page 118–(101). La lettre que le curé de Saint-Viateur-d'Anjou (Berthier) a adressée à la *Patrie* et que la *Patrie* a publiée, le 25 avril 1916, atteste toutefois que si certains curés canadiens-français ne professent pas un amour excessif pour la France, d'autres ne sont pas beaucoup plus chauds à l'endroit de l'Angleterre ou de ce que l'auteur de cette lettre appelle "mémère l'Empire."

Appuyant plus ou moins ouvertement la campagne nationaliste contre le recrutement, les prêtres qui manifestent de pareils sentiments ne justifient-ils pas les griefs que nos compatriotes protestants ne se font pas faute d'articuler contre nous?

Hamilton, Ont, Oct 21 —Speaking before the Baptist convention of Ontario and Quebec here this morning. Prof J H Farmer, of Toronto, said: "The Roman Catholic Church made the greatest mistake in all its history, in my opinion, when it stated that only a few should be saints and the masses could live on a lower moral plane, but we as Baptists should exemplify the teachings of Paul, who said that every man ought to seek to be perfect

"Then again in recruiting matters it has been pointed out that Quebec has not done its duty, and I think the blame should be placed where it belongs The English speaking Protestants have stood by the empire, the French speaking Protestants have stood by the empire. A good many French-Canadian Roman Catholics have stood by the empire and are giving their lives. If Quebec has not come up to the mark, then the burden should rest upon the clerics, because in the province of Quebec the Pope comes first and the King next . . . .

"We have no trouble with the French Canadian Protestants, because they mingle into the national life, but it is the French Catholics who are apart. I believe that our young people should learn the French language in order to mingle with the French" (*Toronto Sunday World*, 22 octobre 1916).

D'autre part, le capitaine Gustave Lanctôt, du 73ème bataillon de Montréal, nous rapporte ainsi, de "quelque part en France," la réputation que nous sommes en train de nous faire là-bas·

Je puis te dire, entre nous, qu'elle n'est pas fameuse, notre réputation en Europe En France, comme en Angleterre, on s'étonne de notre indifférence devant la guerre On admet qu'il y a des circonstances qui découragent le recrutement, mais ce que personne ne peut admettre, surtout en France, c'est que certains journaux de la province de Québec fassent campagne anti-alliée, jetant de l'eau froide sur l'enthousiasme, accusant l'Entente d'être une des provocatrices du conflit, amoindrissant la participation de la Grande-Bretagne et le prestige de la France. L'indignation atteint le comble devant l'affirmation d'un certain chef embusqué de Montréal qu'il n'est pas sûr si l'on doit souhaiter le plein triomphe des Alliés Devant cette attitude, les hautes personnalités françaises, telles que M Hanotaux et le général Malleterre, ont eu à l'égard du barbouilleur politique des paroles d'une sévérité inouïe au pays, mais hélas! bien justifiée Que la phobie personnelle pousse un homme à prêcher des idées subversives de sa nationalité, et à se faire l'ami des Boches, cela dépasse toute conception Et pourtant, c'est la triste vérité *Quos vult perdere Jupiter, prius dementat* (*La Patrie*, Montréal, 24 octobre 1916)

Page 119–(102). Op. cit., p. 355. M. l'abbé Camille Roy a développé cette même pensée dans d'autres ouvrages, notamment dans son "*Etude sur l'Histoire de la littérature canadienne*" (*Bull. de la S. du P. f.*, vol. II, p. 139)·

C'était pourtant une nécessité pour les Canadiens de se mettre résolument à l'école de la France, et de lui surprendre le secret de ses chefs-d'œuvre contemporains Il eût été désirable qu'on y pût satisfaire dès les premières années de notre dix-neuvième siècle Outre qu'il ne faut jamais se renfermer dans un chauvinisme étroit, et fermer sa porte aux influences extérieures quand celles-ci peuvent être utiles, il y avait pour nous, et il y a encore pour les Canadiens, le besoin impérieux d'emprunter à la France ces moyens de formation intellectuelle qui nous manquent Avouonsle, ce n'est pas dans la seule lecture de nos rares œuvres canadiennes que nous pouvions, et que nous pouvons encore, trouver tout ce qu'il faut pour apprendre à travailler et pour élargir le plus possible les horizons de notre esprit national Et parce que l'esprit français est bien près du nôtre, et lui ressemble à merveille, puisque tous deux sont frères, c'est à l'esprit français qu'une longue tradition, que des efforts séculaires ont façonné et poli, c'est à lui que nous devons demander quelles habitudes il faut donner au nôtre et quelle discipline, pour qu'il puisse sur cette terre

d'Amérique exercer par ses œuvres toute l'influence bienfaisante
à laquelle il doit prétendre. C'est pour avoir été trop longtemps
privé de ce contact large et suffisant avec la littérature de là-bas
que notre pensée a pu trop longtemps s'agiter en des efforts assez
stériles. C'est dans d'incessantes relations avec elle que cette
pensée a pu accroître sa vigueur, et qu'elle pourra continuer de
s'affiner davantage.

Page 120–(103). L'avantage des armes et la masse de la
population ne confèrent à un peuple ni droit, ni moyen
d'imposer son langage. Si le nombre était un titre, l'avenir
du monde serait de parler chinois. Si la victoire était une
maîtresse d'école, l'Europe eût parlé le français sous
Napoléon, car il l'enseigna d'autorité. Mais le vainqueur
des rois fut tenu en échec par les enfants qui ne voulurent
pas oublier la langue apprise de leurs mères. Il n'y a pas
à tenter de refoulement, il n'y a pas à espérer de substi-
tution entre les langues. Dédaigner aucune d'elles, en
souhaiter la disparition est oublier ce que toutes représentent de durable et de légitime (Etienne LAMY, discours
cité).

—Du *Canadian Courier* (Toronto), 30 sept. 1916:

Some of the men who are bitterest against "the French" are
men who know better. For they are students of politics. There
never has been a movement against "the French" in this country
that has not ended in total ethnological failure and the crushing
defeat of the ill-advised men who launched it. This battlefield of
prejudice and passion is the graveyard of many a promising
ambition. Yet—from the Ontario point of view—it often looks
like a fair field. One George Brown once ploughed it with vigour,
planted it with all the industry commonly shown by sowers of
tares, and seemed for a time to reap a satisfying crop. But
did he win?

The most superior Ontarioan does not dream that all his cen-
soriousness and critical comment will obliterate the French-
Canadian race or remove them bodily to another corner of the
globe. They will remain in Canada. They will be here to live with,
and do business with, and co-operate with in building up our
nation, long after every present critic has joined their futile critics
of the past in the silent grave.

Page 120–(104). Le 1er mars 1916, le Queen's Theatre,

de Londres, représentait un drame canadien, *The Love
Thief*, avec des acteurs canadiens évidemment triés sur
le volet. Le *Daily Telegraph* jugea que "the people talk
with Occidental accents" et le correspondant du *Free
Press* critiqua particulièrement l'accent des acteurs,
"Canadian accents which could be cut with a knife"
(*Free Press*, Ottawa, 2 mars 1916).

—Cf A -C Webb, *The Model Etymology*, passage cité
par le *Bull. de la S. du P. f.*, vol. XIII, p 433.

—Correspondance à l'*Evening Journal*, Ottawa, 31
oct. 1916.

> The increasing use of slang is deplorable Especially among
> women is this abuse of the English language an abominable
> practice. When one sits in a street car and hears a feminine voice
> behind proclaim that she "should worry" one is inclined to believe
> her Indeed she SHOULD worry if her command of bright, expressive
> English is so poor that she must resort to slang And when this
> expression is voiced, one expects, upon looking over one's shoulder
> to see the individual responsible chewing gum. They are boon
> companions—gum and slang
>
> It would display, I am afraid, too great a knowledge of the
> atrocity to enumerate some of the other examples of 20th century
> so-called smartness But there are many!
>
> It has been said that these are imported from the country to the
> south of us Probably they are But why must Canadians—
> Canadian women—imbibe only the poor qualities of a people
> That is imitation. Imitation is the sincerest form of flattery.
>
> We don't imitate English slang because we don't think it's
> funny We find no humor in "Ba Jove" or "bally rot" or "bloom-
> ing" or "raw-thaw" (rather). None of it seems "smart "
>
> If American slang is funny, or smart, it is decidedly poor taste;
> and the sooner Canadian women boycott it the sooner will they
> be able to lay claim to an appreciation of their language

C'est ce "slang" anglo-yankee qui fait dire "Varsity"
pour *university*, "fans" pour *fanatics* (sport), "Chink" pour
chineese, "juice" pour *water power* (source d'énergie hydro-
électrique, houille blanche) . . . Vive donc l'américanisme
bochisant et sa kulture des abréviations! Mais à mort
ceux de nos journalistes qui prétendent nous imposer
cette kulture!   . Des "pros", pour des *professionnels*,

voyons!   Va-t-on maintenant faire du yanko-franco-canadien ? *Quo vadimus?* dirait Sienkiewicz.

—M. DeCelles met les gants que l'on sait et dont vous allez admirer l'ouate (nous disons encore chez nous *la ouate*) et la soie, prend les précautions oratoires que l'on sait aussi bien et dont vous allez voir la cautèle, pour dire cette petite vérité à "his friends" les Anglais:

> It is also a notable fact (overlooked or perhaps ignored by Mr. de Montigny) that any ethnical group, separated from the land of its origin, very often speaks a language different in pronunciation, accent and partially in its vocabulary from that of its parents. Does the American speak the language of Gladstone? I would not offend in the slightest manner my English friends, but it has often been stated before me by British-born men that English-Canadians do not speak Londonian or Oxfordian English (*Citizen*, Ottawa, 27 mai 1916).

Puis M. DeCelles passe aux Belges, qu'il n'appelle pas "his friends" (les Belges n'ont plus de puissance pour deux sous, ils ne sont plus qu'héroïques), pour admettre en douceur que les Canadiens-français ont une prononciation différente, un accent différent et un vocabulaire partiellement différent de celui des Français . . . Quand je vous disais que, s'il parle comme parlerait un lièvre, M DeCelles pense comme tout le monde!

—*Parisian French:* Le 16 décembre 1913, la *Patrie* (Montréal) a reproduit la circulaire suivante qu'un négociant de l'Ontario avait eu l'obligeance de faire traduire en. . . français, pour atteindre la clientèle canadienne-française:

> Cher Monsieur,
> Nous voulons faire 1914 nos année menant pour la vente de notre Il vous sera nécessaire pour avoir de votre aider pour faire celui-ci Pour encourager nos agents mettre le premier leur travail le meilleur dans les ventes de nos marchandises pour l'année venir nous donnerons une belle montre d'or aux trois agents qu'avez les ventes les plus grandes et leur billet paye par le premier Septembre 1914 Nous vous plairons donner tout d'aider possible et avons confiance en que votre travail sera recompense par vous êtes un qui recoit une de ces montres d'or. Maintenant c'est le

temps pour vous prenez occupe et nous avons confiance que votre
travail finira a vous aimable advance

Avec les desire le meilleur pour votre succès, Nous sommes votre
avec vérité , . .

Ce négociant, commentait la *Patrie*, trouvait naturel
que les Canadiens-français restassent insensibles à ses
prévenances autant que sourds à son invite française,
puisque la personne qu'il avait chargée de la traduction
de sa circulaire anglaise avait appris le *Parisian French*
au *high school* de la localité, et que les Canadiens-français
ne comprennent pas le *Parisian French* . . .

Et cette autre circulaire, reproduite par la *Presse*
(Montréal), le 29 mars 1901 :

Walkerville, Ont , Mar 18, 1901

Cher Monsieur,

Vu le feu récent, qu'en a la localité dans notre magasin le vingt
et cinquième janvier et étant fait l'attention avec tels rapports
fatals, aussi vu les rapports erronés dans les journaux différents
du Dominion, comme *pour la fabrique étant détruite*, nous pren-
nons ces bas de corriger le même.

Le bâtiment marqué X sur la coupure là-haut en était le seul
détruit et était servi à un magasin seulement.

Nous sommes heureux de dire notre fabrique marche encore, et
nous sommes en situation de remplir tous ordres immédiatement
sur la réception de la même

Nous demandons à recommander à la prévoyance de vous à nos
tisons spéciaux des allumettes· . . . .

Nous pouvons dire le plus expressivement, que nous sommes et
toujours serons strictement un Antich-Syndicat fabrique et pour
cela même, quelques maisons en gros ne vendent pas nos produits manufacturés à cause d'étant attachés au Syndicat

Insistez à avoir "Walkerville Match Cie," allumettes et ne
prenez pas tout autre

Recevez mes salutations,

THE WALKERVILLE MATCH CO ,
Limited.

Par C J ANDERSON,
Manager.

Ces pièces ne représentent point le gâchis d'un apprenti
typographe gaucher ou s'ennuyant de sa mère. Elles sont
ici scrupuleusement reproduites telles que publiées et
signées par les intéressés—comme d'ailleurs celles qui
suivent

Les éditeurs Lonsdale & Bartholomew, voulant ainsi
satisfaire la clientèle canadienne-française, ont publié la
carte postale suivante, laquelle se désigne *Greeting No 8:*

> *Joyeux Noel et la santé et la Bonheur dans la nouvelle année*
> *de*
> *M. et Mme. L. Laurier,*
> *Quebec, P.Q*

Le *Bulletin* du Parler français (*Sarclures, passim*)
rapporte maints autres échantillons de ces réclames commerciales en *Parisian French.*

Les Yankees ne s'en mêlent-ils pas, eux aussi, par
amour des petits-neveux de La Fayette! Témoin la *poésie*
suivante d'un collaborateur de l'*Indianapolis News* qui
venait de lire, avec un lexique, la ballade de Villon:

OU SONT LES NEIGES D'ANTANS?

> *So he commends The Simple Life!*
> *Declares il est bel et charmant*
> *Who lives thus free from care and strife—*
> *On est La Intense d'antan?*
> *Maintenant il loue la Simple Vie*
> *Et dit qu'il soit et beau, si bon,*
> *Le vivre simplement. Mais dis,*
> *La Vie Intense, on va-t-elle, donc?*

—Enfin, pour finir sur la bonne bouche, cette première
et cette dernière phrase, qui échantillonnent le reste,
d'un prospectus de la maison Eaton, de Toronto:

> Nous ne faisons imprimer des catalogues français, mais nous
> vous referons à notre catalogue général ou nos marchandises sont
> clairement illustrées et décrires avec les prix . . . .
> Ecrivez nous en français ou anglais qui est plus commode Nous
> employons des traducteurs experts qui donneront vos commandes
> tout soin et attention (Rep du *Droit,* Ottawa, 6 nov 1916).

Nous devons, certes, applaudir des deux mains aux
efforts que tentent nos maisons de commerce et d'industrie anglaises afin de se mettre en rapports avec la clientèle
canadienne-française. Mais, pour encourager ces excellentes dispositions et empêcher que d'aussi bonnes in-

tentions ne donnent lieu à d'aussi mauvaises expressions,
ne devrions-nous pas former une petite ligue de traduc-
teurs amateurs qui relèveraient les tentatives de ces com-
merçants francophiles, en mettant leur *Parisian French*
en français tout court? à condition que, de leur côté, ces
maisons veuillent bien mettre leurs experts hors d'état
de sabouler la langue française.

Page 124–(105). Dans la querelle des écoles bilingues de
l'Ontario, la langue française a trouvé des défenseurs,
comme le baron Shaughnessy, sir Joseph Pope, les professeurs Dale et Leacock, de l'université McGill, le professeur Th O'Hagan, d'Hawkesbury, et M. E.-R Ca-
meron, greffier de la Cour suprême; comme le *Citizen*
d'Ottawa, le *Star* et le *Journal of Commerce* de Montréal,
qui témoignent d'autant de groupes anglais comprenant la
raison d'être du français au Canada Le *Courier*, de
Toronto, prêcha la diffusion du français comme devant
aider au progrès commercial du pays (*Canadian Courier*,
18 mars 1916). Ces expressions de la saine opinion anglo-
canadienne auront assurément une répercussion salutaire
sur une notable partie de la population anglaise, jusqu'à
présent mal avertie et qui se laissait assez facilement aller
à croire que le français n'a réellement que faire dans un
pays anglais
Cf. Conférence du docteur Alfred Baker, président
général de la Société royale, *Canada's Intellectual Status
and Intellectual Needs*, 16 mai 1916 (*Minutes of Proceed-
ings of the Royal Society of Canada*, vol. X, p. xli).
*France and the French or Bilingualism and its Advan-
tages*, conférence de M Donald Downie, reproduite dans
le *Standard* de Vancouver, 15 juillet 1916.
—Enfin, combien plus rassurante et plus utile que la
campagne envenimée par les esprits surexcités dans
l'Ontario, combien plus loyalement canadienne et donc
plus patriotique est la démarche de ces cinquante repré-

sentants de l'industrie et de la finance ontariennes, qui partent de Toronto, d'Hamilton, de Kingston, de Windsor, de London et d'autres villes, laissent de côté leurs propres affaires, entreprennent un voyage d'une semaine pour venir faire connaissance avec les Canadiens-français du Québec, les voir de près, se rendre compte de leur véritable état d'esprit, chercher les raisons valables ou vaines du désaccord qui existe entre les deux races, bref, qui viennent demander carrément à leurs compatriotes de langue française: "Say, between us, what is the matter?" La conclusion de cette explication, entre gens qui ont laissé de côté les préjugés de race et de religion, est la suivante:

"Nous, Canadiens-français et anglais, assemblés ici en conférence pour l'unité interprovinciale, ayant mutuellement établi les prémices d'un respect et exprimé la ferme conviction d'une ferme bonne volonté de la part de la majorité de chaque province, sommes convaincus que rien ne peut survenir de désagréable entre les deux races habitant le Canada qui ne puisse se régler à l'amiable et avec justice, de façon à donner entière satisfaction à tous ceux qui sont concernés" (*La Patrie*, Montréal, 11 octobre 1916).

Pour peu que les hommes d'affaires du Québec rendent la politesse à leurs visiteurs de l'Ontario, nous devrons auguier mieux de cette formule d'entr'aide patriotique et d'entente cordiale que des phrases méprisantes et de basses accusations que Canadiens-français et anglais ont accoutumé d'échanger—avant d'avoir pris soin de faire connaissance les uns avec les autres—et qui exacerbent des crises dont nous offrons au monde le spectacle peu régalant.

Le "Monocle Man" du *Canadian Courier* (28 oct. 1916) a commenté comme suit cette délégation de l'Ontario au Québec, qu'il désigna "*The patriotic pilgrimage to Quebec*":

The recent fraternal visit of the Ontario business men to idyllic Quebec was one of those all-too-rare strokes of statesmanship which amount to a display of genius. It was so simple that the marvel is that it was not thought of long ago. Its beneficial results could have been predicted with certainty and in detail. Any journalist who knows his Quebec and his Ontario citizen, could

almost have written the report of this pilgrimage before it occurred.
The gracious and winning hospitality of Quebec has always been
there, awaiting just such opportunities to reveal itself   The
openness of the frank-eyed and receptive Ontario thinking man to
the genial sunshine of true and sincere friendliness is one of the
finest characteristics of our English-speaking people   Prejudice
of a dangerous virulence can only grow in Canada by "absent
treatment "

There are all sorts of French-men just exactly as there are all
sorts of English-men   But I think I am within the mark when I
say that the French of Quebec are probably more nearly like the
French of Northern France than the English of Ontario are like
the English of any other part of England. Yet two centuries and
more, as well as the Atlantic, divide the French from their Mother-
land.

Page   125-(106). Cf. EGERTON & GRANT, *Canadian
Constitutional Development*, 1907, Lettre de sir John Sher-
brooke (1822), p 124; BOURINOT, *Lord Elgin*, 1910 (série
des *Makers of Canada*), Rapport de lord Elgin au ministre
des colonies, à la suite des représentations de La Fontaine,
p. 55.

—Le correspondant londonien du *Journal* (Ottawa, 10
nov. 1916) a appris à ses lecteurs les démarches com-
mencées par le baron Shaughnessy en vue de rendre obligatoire l'enseignement du français dans toutes les écoles
de l'empire britannique Cette politique, au regard de son
promoteur, serait sortable à l'alliance anglo-française
autant que congruente aux avis que comporte la lettre
encyclique du pape sur la question bilingue au Canada.
Le correspondant du *Journal* commente ainsi la nouvelle:
"If governments here and in other Dominions recognized
"French as an essential medium for the exchange of
"thought, the whole question, as affecting Canada, might
"be viewed in a larger setting".

Le *Times*, organe officieux du gouvernement britannique,
qui se fait remarquer par le bon aloi de ses sympathies
françaises (Cf. le premier-Londres du *Times*, 1 oct. 1914,
intitulé *"France"*: "Among all the sorrows of this war there
"is one joy for us in it, that it has made us brothers with

"the French as no two nations have ever been brothers
"before. . ." etc.), a saisi l'occasion de cette démarche du
baron Shaughnessy pour adresser des "friendly and almost
deferential" recommandations au gouvernement de
l'Ontario: "The Ontario Government having vindicated
"its educational authority, the plain duty is now laid
"upon them to decide whether, remembering all that has
"happened since 1913, they will continue to insist on
"exercising its rigor to the full" (Le *Times* du 10 nov. 1916,
cité par le correspondant du *Journal* d'Ottawa, même
date).

A ce qu'il appelle cet "Impertinent advice," le *Journal*
d'Ottawa (11 nov. 1916), sans trop se rappeler en effet
"all that has happened since 1913," rétorque:

> If the London Times has the cohesion of the British Empire
> at heart, it will keep to itself advice about "the plain duty" of
> Ontario or any self-governing British country in regard to language
> in its own schools or any other domestic problem In matters
> which concern ourselves, we in this country don't want to be told
> by English newspapers what our duty is . .

Dans son numéro daté du 11 novembre, précisément, le
Canadian Courier de Toronto donnait cependant le même
conseil au gouvernement de l'Ontario.

> We shall never get far along the ultimate and necessary road to
> race co-operation in this country if we depend merely upon the
> legal interpretations of a document The B. N. A. Act was ne-
> cessary as an instrument of political definition But as a people
> we do not live by that instrument Our mutual relations are no
> more reducible to a legal document than is the unwritten cons-
> titution of the British Empire, which is always in a state of flux.
> Now that Ontario is admitted to have the legal right, it is the
> privilege of Ontario to make it as easy as possible for the French-
> Canadian within her gates to cultivate his own language so long
> as he acquires efficiency in English Ontario, perhaps, would not
> care to see the Quebec Legislature conduct educational affairs in
> the Eastern Townships on a basis of strict legality We must
> have at the basis of all relationships a mutual respect for law. We
> need also the spirit which makes law useful only in an emergency.

Page 127–(107). Mgr TOUCHET, discours au congrès
eucharistique de Montréal, 9 septembre 1910.

Page 128–(108). *Population du Canada à l'époque de la Conquête*:

1760. Au plus 60,000 âmes, d'après le sous-intendant et contrôleur Doreil: hommes de 16 à 60 ans: Québec, 7,511; Trois-Rivières, 1,313; Montréal, 6,405. Total, 15,229 (Rapport officiel cité par Garneau);

1763: Au plus 65,000 âmes (Approximatif, B. Sulte);

1765: 500 protestants. Grand total, 69,275 âmes (Recensement du gouverneur Murray).

1901-1911:

Recensement officiel du Canada; rapport des provinces:

	Population totale.	*Population d'origine française*
Alberta	374,663	19,825
Colombie britannique	392,480	8,907
Manitoba	455,614	30,944
Nouveau-Brunswick	351,889	98,611
Nouvelle-Ecosse	492,338	51,746
Ontario	2,523,274	202,442
Ile-du-Prince-Edouard	93,728	13,117
Québec	2,003,232	1,605,339
Saskatchewan	492,432	23,251
Yukon	8,515	482
Territoires du Nord-ouest	18,481	226

Au recensement décennal de 1911, la population totale du Canada a donné le chiffre de 7,206,643. La population d'origine britannique (anglaise, irlandaise, écossaise et autres) était de 3,896,985 ou 54.08 pour cent de la population totale, contre 3,063,195 ou 57.03 pour cent en 1901. La population d'origine française était de 2,054,890 ou 28,51 pour cent de la population totale en 1911, contre 1,649,371 ou 30.71 pour cent en 1901—soit en dix ans une augmentation de 405,519 ou 24.59 pour cent (Cf. *Recense-*

ment du Canada, 1911, vol. II, pp vii-viii-xiv-340-367)
En tenant compte du flot de l'immigration britannique qui
a envahi le Canada et particulièrement l'Ouest canadien
au cours des dix années qui se sont écoulées entre nos deux
derniers recensements, et qui affecte considérablement
la proportion des races dans l'augmentation de la population canadienne, il convient de conclure que l'augmentation canadienne-française, presque exclusivement redevable à la natalité, est aussi rassurante qu'elle peut l'être.

—Cf. *Bull. de la S. du P. f.,* "*Paul Meyer et la Langue
française au Canada*", vol.V, p.338; et l'article de Georges
PELLETIER dans l'*Almanach de la Langue française, 1916.*

—**Aux Etats-Unis:** Outre les Français (immigrés de
France) dont le recensement de 1900 fixa le nombre à
265,441, outre aussi les Belges de langue française, les
francophones comptent pour au delà de 1,500,000, et
presque 1,200,000 d'entre eux peuvent être classés comme
étant d'origine canadienne. J.-L. K.-LAFLAMME, "*French
Catholics in the United States*", Vol.VI, *The Catholic Encyclopedia, 1909.*

Page 128–(109). L'interprétation des textes constitutionnels qui confèrent un caractère officiel à la langue
française au Canada suscite la plupart des luttes qui s'en-
gagent périodiquement entre Anglo et Franco-canadiens
sur les questions scolaires ou autres; on semble cependant
reconnaître généralement la fonction officielle du français
au parlement fédéral, dans les cours fédérales et à la
législature provinciale de Québec.

Quant aux droits se rapportant à la langue de la mino-
rité religieuse, dans les diverses provinces canadiennes,
V. entre maints documents, les *Débats* de la Chambre des
Communes, entre 1890 et 1897, *passim; Wheeler's Privy
Council Cases,* pp. 370-388; *Rapports de la Cour Suprême,*
vol. 19; les arrêts du Conseil privé (2 nov, 1916) auxquels
notre *Avant-propos* réfère; etc.

Page 130-(110). M. W.-F. NICKLE, député de Kingston (Ont), discours à la Chambre des Communes, 10 mai 1916 : "I want to say in all sincerity in this House to-night, and I trust I speak as a moderate man, that when this war is over, when victory perches on our banners, do not let the men who induced the French Canadians not to enlist, resent it if certain elements in the province of Ontario take their words at the value set upon it by their leaders. We in Ontario have sent our men overseas to protect Catholic Belgium in her agony, and to maintain France in her integrity, and we do not want to be told that other men have not enlisted because they cannot have exactly what they want in Ontario" (*Débats* de la Chambre des Communes, 10 mai 1916, p. 3873).

Page 132-(111). L'université McGill (Montréal) possède une bibliothèque littéraire et scientifique *française* de tout premier ordre, peut-être même unique au pays.

Page 135-(112). Discours au Cong de la lang. fr., *Compte rendu*, p. 382.

Fin